スウェーデンの優しい学校

ＦＩＫＡと共生の教育学

戸野塚厚子
Atsuko Tonozuka

明石書店

はじめに　FIKA（フィーカ）

写真1に映し出されているのは、スウェーデンの学校に行くと必ず立ち寄る場所。どの学校にもあるけれども、日本のそことは大違い。

ここは学校で働く全ての人のための「職員室」。学年も立場も超えて、学校で働く人たちが自由に集う空間である。これまで訪問した全ての学校に、デザイン性の高い家具と照明、窓を飾り、カフェのような、あるいはホテルのラウンジのような「職員室」があった。日本の場合、ほとんどが学年毎の机の配置になっていて、前方には管理職が座って全体を統括するようなつくりになっている。毎朝、学年毎の打ち合わせをする日本の学校には必要な空間であり、必然的な配置ともいえよう。

毎朝の打ち合わせはなく、自分が担当するクラスに直行すればよいスウェーデンの先生にとって、この空間は「FIKAの場」といってよい。「FIKA」は、スウェーデン語で「お茶をする」という意味で、スウェーデン流コーヒーブレイクを指す。学校の教師に限らず働いている人は多くの場合、午前

写真1　ストックホルム市内の義務教育学校（中学校）2017年9月27日撮影

10時と午後15時に「ＦＩＫＡ」でリラックスする。もちろん、働く人はみなランチタイムも保障されている。低学年の先生は子どもたちと共にランチルームで食事をするが、高学年の先生は全員がランチルームに行くわけではなく、職員室で好きなものを食べる日もある。

日本の「職員室」とは機能もイメージも異なっているので、むしろ「カフェ」（ＦＩＫＡの場）、「休憩室」と言ったほうがいいかもしれない。どの職員室もゆったりした心地よい時間が流れていた。

その場に身をおくと、授業見学や聞き取り調査を依頼した先生だけでなく、お茶を飲んだり、ご飯を食べながら会話を楽しんでいる先生からも声をかけられ、意見交換をする機会が得られることがある。開放的な空間でのＦＩＫＡを通して、聞き取り調査では出てこないような本音や日本の教育に関する質問や批判の声を聞くことができるのだ。私が知っている「職員室」の概念が砕かれ、改めてＦＩＫＡの機能を含む「職員室」の重要性を認識したのである。

このように、「旅」（他国の学校との出会い）は、物事を他国のヒト、モノ、コトとの関わりの中で認識し、再発見する機会を与えてくれる。日本の学校を対象化し、その本

写真2　午後のＦＩＫＡの時間
スウェーデンの学校のＦＩＫＡを日本に紹介したいと言ったら、最初は4人だった先生たちの輪に3人が加わって大きな輪になった。輪には、校長、教頭、社会科の教師、フランス語の教師がいる。2017年9月27日撮影

質やあり方を問う時間を創ってくれる。創造のヒントを与えてくれるのだ。

20年以上前のことである。私は、日本の教育が影響を受けてきたアメリカとは異なる国に行ってみたいと考えた。1980年以降、新自由主義経済思想に基づく構造改革を進めてきたアメリカとは対照的な国、競争原理ではなく共生原理の国の教育を研究したいと思い、福祉社会スウェーデンの扉を叩いた。

そして、たくさんの「面白い」と思うことに出会った。「すごい」、「羨ましい」と感じたり、「どこの国も一緒なのだなあ」と共感したり、「(スウェーデンは)この課題をどう乗り越えるのだろう」と注視し続けた。スウェーデンを「窓」に日本を見ることを繰り返していく中で、日本の学校の独自性や課題が鮮明になってきたのである。

言うまでもなく、「面白い」と思う「モノ」や「コト」は、人それぞれに違っている。先の「職員室」を例にすると、私はスウェーデンの「職員室」に初めて足を踏み入れた時に、カルチャーショックを受けた。同時に、他の学校の「職員室」も見てみたいと思った。そして、「(スウェーデンの職員室は)なぜこのようなのか?」という問いが生まれたのである。「職員室」は、日本とスウェーデンの学校文化の本質的差異や労働観(労働環境)を明示的にしていると言っても過言ではない。

OECDが各国の政府を比較した報告書『Government at a Glance 2021』によれば、市民の公的サービスへの満足の項目における「教育に対する満足」はスウェーデンが81%であるのに対して、日本は61%と、OECD平均68%を下回っている。職員室のFIKA、教師の満足、ゆとりは、子どもや親の満足に無関係ではあるまい。本書の中でも、日本の学校の多忙さについて取り上げているが、日本の先生たちの労働環境の改善は喫緊の課題の一つだ。

このように、スウェーデンの学校は、いつも触発的でインスピレーションを湧き立たせてくれる。そして日本の学校を再考する時の創造的ヒントになっている。筆者は、スウェーデンの義務教育課程における「共生」のカリキュラムを研究してきた。カリキュラムの比較研究である。筆者の立場は、健康やからだのカリキュラムを個人レベルに止めず、市民が共生するための基盤とみなすことにある。さらに言えば、マイノリティとマジョリティという二項対立を超えて共生する「みんなの学校」を目指しているのだ。

この本は、筆者の1994年―2023年までの研究成果[*1]に基づいて執筆している。ただし、スウェーデンの義務教育を体系的、網羅的に説明するものにしていない。この一冊で完結するようには作っていないのだ。敢えて、どこから入って読んでいただいてもよいような作りにしている。「自由・柔軟」、「ゆとり、文化」、「休み時間／放課後、学習環境」「マジョリティとマイノリティ」、「権利と参加」、「民主主義・平等」というようにスウェーデンの学校の特徴というべきキーワードで章を構成し、一つ一つエピソードを編み上げるようなスタイルを意図した。なぜなら、日本とは異なる教育や学校を通して学校の別様のあり方を開くきっかけにしたいと考えたからだ。さらに、これまでの研究の成果をわかりやすく紹介することで、「問い」が生まれるような一冊にしたいと考えた。専門や職種を超えて対話するきっかけになるような本になってほしい。筆者のカリキュラムの比較研究を活きたものにするためには、多くの人と成果を共有し、

*1　主として以下の2冊をもとにしている。
①戸野塚厚子（2014）『スウェーデンの義務教育における「共生」のカリキュラム――"Samlevnad"の理念と展開』明石書店
②戸野塚厚子（2021）「スウェーデンと日本の往還、そしてその向こう側――教育学における旅」宮城学院女子大学人文社会科学研究所編『〈往還〉の諸相』翰林書房、155―193頁。

対話することが重要なのだ。

フランスの比較哲学者であるＭ・ウルセルは「およそ比較とは、同一性を手掛かりとして、その相の下に多様性を解釈することである[*2]」と述べている。比較は、本来優劣をつけるものではなく、実証的に把握し、解決の糸口を探ろうとする行為である。

読者のみなさまにとっては他者が切り取った他国の学校文化、カリキュラムの比較研究の成果ではあるが、日本の教育を対象化するのに役立つのではないかと思っている。そして、全ての子どもの権利を保障する学校になるために、新しい一歩を踏み出すきっかけを創りたいという願いを込めて執筆した。

研究交流はもとより、ＦＩＫＡの時の話題の一冊になれたら幸いである。

＊2　Ｍ・ウルセル（小林忠秀訳）（１９９７）『比較哲学』法藏館、17頁。

FIKA

スウェーデンの優しい学校
——FIKAと共生の教育学

目次

第6章　権利と参加、そして尊重　

※本文中の写真は記載のないものは本書著者による。

第1章

児童中心主義
——義務教育を概観する

1

子どもが幸せに育つ平和な社会

「こどものために特に事物を造ること、こどもの行動に対して世話をやくこと、こどもの歩みの一歩一歩に手をかすこと、こどものために特に作業の課程や娯楽の課程を準備すること、これは全て現代の教育の根本的な欠点である。[*1]」

これは、スウェーデンの社会思想家、教育学者、そして女性運動家であったエレン・ケイ（Ellen Karolina Sofia Key, 1849-1926）が『児童の世紀』（Barnetsårhundrade）に書き記した言葉である。エレン・ケイは、子どもに積極的教育をするのではなく、大人は模範として存在することを提唱している。1900年に出版された『児童の世紀』は、「20世紀こそ児童の世紀として、子どもが幸せに育つ平和な社会を築くべき」という強い願いの中で書かれたものであり、教師主導や権威主義と対極にある児童中心主義の教育を

＊1　Ellen Key *The Century of the Child*，原田實訳（1969）『児童の世紀』玉川大学出版部、151頁。エレン・ケイはフランスで活躍したジャン＝ジャック・ルソー（Jean-Jacques Rousseau）の消極的教育の影響を受けており、新ルソー主義とも言われている。女性運動家としての活動、それに関わる書籍が日本でも紹介され、平塚らいてうなど、大正時代の女性運動家に影響を与えた。

唱えている。『児童の世紀』の日本語版を出版した教育学者の原田實は「まことに稀有なる児童の理解者、教育されるもののおどろくべき理解者、そして痛烈なる代辯者、それを私は『児童の世紀』に見出した」[*2]と述べている。『児童の世紀』は英語、ドイツ語版、フランス語に翻訳されており、原田は英語版を基本に、ドイツ語版を参照しながら翻訳を進め、1916年（大正5年）に日本に紹介した[*3]。

教育学を学び研究する者にとって、エレン・ケイは現在でも避けては通れない人物の一人となっている。

筆者がスウェーデンの学校を訪れた時の第一印象は、「学校、教師、そして子どもの自由度が高く柔軟である。ゆったりしていて優しい」で、それは1990年代から2024年の今まで変わっていない。日本に比べて子どもと教師の「主体性」が尊重されていて、学び、服装、髪型、給食など、全てにそれが通底していた。なぜそうなのかを問う時に、やはりエレン・ケイの思想が浮かぶ。そして、その主体性の尊重は、子どもへの「信頼」の上に成り立っていると考えている。

本章では、2章以降のスウェーデンの学校のエピソードや論点を理解していただくために、その前提となるスウェーデンの義務教育学校を概観する。

写真1　エレン・ケイ
出典：busca biografias

＊2　原田実（1952）『エレンケイ　児童の世紀』福村書店、1頁。

＊3　最初の翻訳版『児童の世紀』の出版は1906年（明治39年）で、当時学習院のドイツ語の教授だった大村仁太郎が手掛けたものであった。ただ、それは、大村が原著から必要と思う部分を抜き出し、解説を施したもので、翻訳としては不完全であった。中野光（1995）「エレン・ケイ著、原田実訳『児童の世紀』解説」『児童の世紀』久山社、1―3頁。

2

学校に通うのは子どもの権利——スウェーデンの義務教育

2023年に訪問したスウェーデンの1年生のクラスで、担任は子どもの権利条約に基づいて「学校に通うのは子どもの権利です」と話していた。[*4] そのクラスで使われていた低学年用学習材「みんな学校に行く」には、次頁のように説明されている。

「スウェーデンの教科書は、こどもが主体的に学びを進めていくための貸与制の「学習材」(Läromedel) として位置づけられている。[*5]」そのため、本著ではスウェーデンの教科書を学習材と明記し、日本で言うところの教科書と区別することとした。

義務教育学校に通うのは、全ての子どもの権利であり、義務なのである。「何を学ぶかはラーロプラン(国が定めるカリキュラム、32頁で詳述)で決められている」と1年生に伝えるのも新鮮だ。なぜなら、日本の小学校1年生に「何を学ぶかは学習指導要領で

*4　2023年10月3日にエング基礎学校(Ängskolan)1年生の授業の参与観察を行った時に、担任のテレース・シロウ(Therese Tjio)が言った言葉。

*5　教科書研究センター研究部研究主幹だった細野二郎も1995年に、平成6年度科学研究費(総合研究A)の成果報告書『「学習材」としての教科書

学習材：みんな学校に行く（Alla går i skolan）

全ての子どもは学校に行かなければなりません。それは法律で決まっています。法律とは全ての人が守らなければならない規則です。

・学校では何を学ぶのでしょう？

スウェーデン語と算数は、おそらく毎日学びます。それから、今必要なこと、将来必要なことを学びます。

どういう科目で、何を学ぶかはラーロプランで決められていて、全ての学校が守らなければなりません。

・どの期間、学校に通うのでしょう？

スウェーデンでは、就学前教育から９年生まで、就学前教育を入れると１０年間学校に行きます。その後は、もし望めば高校に行きます。

Göran Körner・Maria Willebrand（2021）*PULS SO-Boken*, Natur och Kultur, s. 8.

＊この本は、低学年（1―3年）用学習材である。

決められています」と話しているのをいまだかつて聞いたことがない。上述の学習材の別のページには、学校は学ぶため、友だちに会うため、遊ぶために行くということも書かれていた。

スウェーデンの義務教育学校は9年制で給食も含めて無償である。近年、義務教育段階である基礎学校（Grundskolan）に、「自律学校」（Fristående skola,）、「フリースコーラ」（Friskola）と称される学校が増えていて、新聞でもその賛否をめぐる

の機能に関する基礎的研究』（課題番号04306007）を刊行している。この調査では、アメリカ、イギリス、フランス、ドイツ、スウェーデン、韓国が対象になっているが、スウェーデンの調査を担当した中嶋博によって、スウェーデンの教科書は学習材として変化していることが紹介されている。報告書の中で、教科書が、児童生徒の学習の手がかりとなる教材であること、教科書は児童生徒の基本的な「学習材」であることの再認識が必要であると述べられており、日本の教科書を展望する重要な観点として捉えられていることを窺い知ることができる。

議論が取り上げられている。「フリースコーラ」は、公費で運営される私立学校で、そこに子どもを通わせる場合も無償である。「フリースコーラ」は日本のフリースクールと同義ではない。日本の場合は一般的に不登校の子どもが通う民間の施設（学校）を指すが、スウェーデンでは通常の学校から自閉症や発達障害の子どもが通う学校、宗教系の学校、シュタイナー学校など、一言でフリースコーラと言っても多義である。スウェーデンの「フリースコーラ」は、「独立学校」(independent school)、または「チャーター・スクール」(Charter school) と訳される。

フリースコーラの背景として、1991年に政令『学校の責任』(Ansvar för skolan) の公布により、国の権限と責任が大幅に地方自治体に委譲され、学校裁量も拡大されたことが挙げられる。学校裁量の拡大により学校間格差が問題になってきたが、少なくとも親の経済状況など、家庭間格差で子どもが教育を受けられないということはない。大学まで授業料は無償なのだ。ただし、2011年から、欧州連合（EU）、欧州経済領域（EEA）とスイス以外の留学生は、大学の授業料を徴収されることとなった。

スウェーデンの基礎学校は、8月が始業式（入学式）で6月が終了式（卒業式）の2学期制である。夏休みも2ヶ月近くたっぷりある。一番気候の良い季節を大人も子どももも満喫するのだ。秋休み1週間、冬休み3週間、スポーツ休みが2月に1週間、イースターの休みが4月に1週間ある。次に、一例として、基礎学校に通う子どもの1日を紹介しよう。

（1）1日の流れ

ここでは、2022年と2023年の秋に訪問したストックホルム県のスンドビーベリ（Sundberg）市のエング基礎学校（Ängskolan）を例にする。

・授業開始前（7時30分―8時10分）低学年（1年生～3年生）共通

授業は8時10分開始だが、フリーティス（Fridtids：日本の児童クラブ、詳細は第4章）が始まる7時30分になると、子どもたちが登校してくる。親の仕事の関係で朝が早い低学年の子どもは、6時30分に登校し7時30分まで就学前教育（プレスクール、0年生）の先生が迎え入れてくれる。希望すれば、朝食もそこで食べられる。

7時30分から授業開始の8時10分までは、フリーティスの先生と遊ぶ子どももいれば教室の入り口のベンチに座って担任の先生が教室の鍵を開けるのを待っている子どももいる。担任の先生が出勤。教室の鍵が開けられると、先生と挨拶、ハグをして教室に入る。日本のような教職員の朝の打ち合わせはないので、教師は直接自分の教室に向かう。

ただし、エング基礎学校の場合は、AクラスとBクラス、そしてフリーティスの教室をつなぐドアがあって、休憩時間に隣のクラスの担任と簡単な話をしたり、フリーティスの教師と相談したり、打ち合わせができるようになっている（写真2）。

写真2　隣のクラスとつながるドア
2023年10月5日撮影

ある日の休み時間のことである。Aクラスの担任が、クラスをつなぐそのドアからBクラスに入って来た。彼の手にはコーヒーがあり、束の間のＦＩＫＡとなったことがある。

授業に集中できない子どもがいる時は、フリーティスの教師が寄り添っている。一時的に、フリーティスの教室でクールダウンすることもある。教室がつながっているのは便利だ。

次に紹介するのは、テレース・シロウ（Therese Tjio）が担任する1年生（23人）の1日である。

【記録】エング基礎学校1年生のある1日

（1）入室（8時10分）

ホワイトボードに秋の景色が映し出されている。照明を落としてＢＧＭを流している。子どもたちは読書やワークなど自習をしている。

（2）朝の会（8時20分―30分）

当番の子どもが前に出て、カレンダーに天気を書き込む。

担任がホワイトボードに貼られた時間割を紹介し、子どもと確認し合う。

（3）算数（8時30分―9時10分）

机の中から各自ワークシート「Matterhifte Addition 0-10」を出す。各自の進度で取り組む。

わからない時は手を挙げる。そうすると、担任の先生、補助で入っているフリーティスの先生（2名）のいずれかが個別指導をしてくれる。集中したい子どもは、机に仕切りを置いて工夫する。教室の後ろには集団から離れて一人で学習するためのコーナーもある。ワークシートの進度は、子どもによって異なる。

（4）休憩（9時10分―9時40分）全員、外に出る。

（5）図書館に行くグループと教室で読解をするグループに分かれる。

図書館に行くグループはフリーティスの教師が担当。読解は担任が担当。

（6）ランチ&遊び（10時30分―11時45分）ランチが終わった子どもから外で遊ぶ。

（7）オリエンテーション科（社会、SO）一斉授業（11時45分―12時30分）学習材「なぜ学校に行くの？」を取りあげる。

子どもが取り組んでいたワークシート

①子どもと意見交換。

子ども：いろんなことを学ぶ。友だちと遊ぶ。お互いを大切にする。

教師：私たちは、6—7歳から人生の終わりまで学び続けるのよ。友だちと遊ぶこと。悲しい気持ちになっている友だちがいたら、なぐさめるの。全員と仲良くなる必要はないけど、その子がその子でいられるのが一番です。そして、学校では、ラーロプランに定められていることを学習します。

②デジタル教材「バスに乗る」（Åka buss）を見る。

戦争が始まりバスに乗って逃げる子ども。

作者の妻の幼児期の経験に基づいた童話 Wallnäs&Ruda Matilda（2016）「バスに乗る」Natur&Kultur を読む。

教師：戦争とは平和の反対の意味です。国連（FN）の日は3週間後です。

③学習材を使っての学習

・「10月24日は国連の日、子どもの権利条約、学校に行くのは子どもの権利」SOの学習材が配布される。入学して初めてSOの本を手にする。（なので）まずは本の中を3分間、眺める。

・全ての子どもは価値がある（Alla barn har värde）。学習材を使って説明。

教師：学校はみんなの仕事場。働く人には休憩が必要です。先生も休憩をしないと授業ができないでしょう？　大人は散歩をしたり、ソファでコーヒーを飲んだりします。子どもたちも休憩が必要。新鮮な空気を吸って外で遊ぶことは脳にもよいの。

(8) オリエンテーション科（理科、NO）「白樺」（12時40分—13時25分）

大きな木の写真の映像が映し出され、教師が「白樺」の本を読む。

教師：白樺には「グラスバーチ」と「ワートバーチ」の2種類がある。グラスバーチは白っぽい。ワートバーチは垂れ下がっている。アレルギーが多い。秋は樹液が出る。樹液はデトックス効果、免疫力を高める効果がある。はちみつと混ぜればエネルギーが出る。

白樺の絵を描いてみましょう。垂れ下がった木を描くか、まっすぐの木を描くかは自分で決めましょう。絵は途中でもいいです。金曜日と来週

雨の中、白樺に向かって歩く
2023年10月3日撮影

も白樺の話の続きをしますから。

教師：学校の近くの白樺を観察に行こう！　雨が降っていたがヤッカを着て外に集合。

（9）放課後児童クラブ（13時30分）

フリーティスの先生がお迎えに来て、教室に隣接している児童クラブへ移動。

（2）1クラスの子どもと教師の数

本書に掲載する子どもの写真は低学年、高学年ともに後ろ姿の写真になっている。写真撮影をする場合には子どもたちに許可を得るが、特に低学年では個人が特定されないなど、細心の注意を払っている。2018年にEUが一般データ保護規則GDPR（General Data Protection Regulation）という法律を制定して以降、就学前はクラス写真も廃止となっている。低学年では、親が写真を許可し、親だけでの閉ざされた情報共有であっても子どもが特定される写真はアウトなのだ。

コロナ禍で現地調査が中断し、2022年に再開した時にはGDPRの下、これまで以上に配慮が必要となった。具体的には、保護者が許可している子どもの後ろ姿を撮影し、最後に撮った写真を担任と確認し、了承されたものだけを保存した。

写真3は、低学年のクラス。見学した低学年のクラスのほとんどが、20—24人程度。そこにスペシャルティーチャーやフリーティスの教員が必要に応じて入り、特別なニー

ズのある子どもに寄り添う。これまで筆者が参与観察した学校では、ベテランの先生が最低1名はサポートに入っていた。

日本は、２０２０年12月に、公立の小学校（義務教育学校の前期課程を含む。）の学級編成の標準を（40人から）35人に引き下げることを決定した。５年間かけて段階的に調整し、２０２５年からは全ての小学校が35人以下のクラス編成となる。文部科学省と財務省がやっと合意し実現した。

ＯＥＣＤ（２０２０）の報告書（『図表でみる教育ＯＥＣＤインディケータ（２０２０年版）』、明石書店）（Education at a Glance 2020）によれば、加盟国の小学校の学級規模平均は21・1人。日本はその平均を上回り27・2人。スウェーデンは、１クラス19・9人とＯＥＣＤ平均を下回っている。小規模で子どもたちを丁寧に育む方針で、担任＋αの教員が配置されている。

最初にスウェーデンの授業を観た時に「一斉授業の教授行為は日本の先生が優れている」と思った。それは、多くの子どもを一斉に集中させるような授業が日本では求められてきたからとも言える。スウェーデンはクラスによって濃淡があるが、一斉授業と個別学習

写真３　マテイウス基礎学校（Matteusskolan）低学年のクラス『民主主義の時間』の開始前の様子。議長の子どもが担任の先生と相談している。２０１３年10月13日撮影

を組み合わせた複数教師による授業が進められている。

写真4は高学年（日本では中学校）の授業風景である。高学年でも1クラス20—24人程度で、見学したのは社会科の授業だったが、途中からもう一人の先生が入って、課題学習の個別指導を二人で行っていた。ラーロプランに書かれている義務教育の到達目標（ミニマム）に子どもが達するよう、わからないことは学校で解決するのが基本となっている。スウェーデンでは、「教育の機会均等」というよりは、「結果の平等」、「結果の責任」が重んじられている。

写真4　アールヴィック基礎学校（Alvikskolan）高学年（中学校）のクラス
2015年10月14日撮影

・多様な人が出会う「学校」という場

写真5は、基礎学校の壁面に貼られていた掲示物。この学校に通う子どもの母語を表している。

日本語を母語にする子どもも在籍している。このように、学校は、多様なバックグラウンドを持つ子どもと教師が出会う場なのだ。国連人口部（United Nations Population Division）のデータによれば、2020年のスウェーデンの人口に対する移民の割合は19・84％。スウェーデンで生まれた移民2世、3世を加えると、20％を超えている。

スウェーデンが移民・難民を受け入れてきた背景には、かつて貧しい農業国で、多くの国民が移民として北米などに流出した苦い経験を持っていること、武装中立国であることなどがあげられる。学校には移民、難民の子どものための母語教師がいてアイデンティティとしての母語が尊重されている。

先述のエング基礎学校の母語教室は水曜日の放課後に開設されている。そこで出会った母語教師のセーラン・ネグレッセ（Selan Negusse）は、エリトリア、エチオピア、フランスから来た子どもの母語を担当している。言葉だけでなく子どもの話、悩みにも耳を傾ける良き相談相手だ。

子どもだけが多様なのではない。教師のバックグラウンドも多様である。フリーティス[*6]を担当するスサン・ゴレスターン（Susan Golestani）は、イランの大学を出た後、スウェーデンに来て、20年以上基礎学校で働いている。スサンのパートナーがスウェーデンに留学したので一緒に来たが、戦争があったのでイランには戻らなかったそうだ。

写真５　基礎学校３年生の教室前の掲示　２０２２年11月２日撮影

＊６　フリーティスの教員資格（免許）がなくても、教員資格があれば担当できる。２０１７年からは学校庁（Skolverket）は、フリーティスの資格をもった人をフリーティスペタゴーグ（Fritid Pedagog）からフリーティスラーラレ（Fritid Lärare）と名称を変え、教師であることを明確にした。スサンは国語、算数、美術の特別支援の資格を持っているが、体育専科のフリーティス教師など、採用も多様である。朝と放課後の利用を含めて、親の収入に応じた利用額を支払う。最高額は１５００SEK／月（スウェーデンクローナ、１クローナ12・９円、約13円：２０２３年２月24日）最高額を支払う人で、日本円にすると１ヶ月約１９５００円。

参与観察していて、子どもの母語の違いや障害の有無は、あまり気にならない。発達に課題のある子どもや障害がある子どもも共に学んでいて、その子が集中するための仕切りやコーナーなど、担任毎の工夫がされている。2022年に参与観察した3年生のクラスには、ウクライナからの子ども2名が在籍していた。

写真5の掲示物には、次のメッセージが添えられていた。

Vi är alla unik och vakra, men tillsammas är vi ett mästerverk.（私たちはみな個性的で美しい、いっしょになることで最高傑作になる。）

（3）義務教育制度

ここでは、概観してきたスウェーデンの義務教育の基盤となる制度について論じる。スウェーデンの学校の法的位置付けは憲法と『学校法』（Skollagen）である。学校法には、子ども、学生、保護者の権利と義務が定められている。そしてそれらのもとに国が決定する教育課程「ラーロプラン」（Läroplan）が告示される。

・ラーロプラン

スウェーデンの現在の基礎学校（Grundskolan）制度は、1962年にスタートした。国が定めるカリキュラムのラーロプラン[*7]も1962年に施行され、その後1969年、1980年、1994年、2011年、2022年に改訂されて現在に至っている。

＊7　論者によっては、ラーロプランを学習指導要領と訳しているが、筆者はあえてラーロプランという言語を採用することで差異化している。ラーロプランを日本の枠組みで理解しようとしたり、同様のものと捉える危険性があるからだ。ラーロプランは、日本の学習指導要領とは異なる性質を持っている。例えば、ラーロプランの改訂は国会発議となっている。さらに、差異として、教育理念に関する記述が占める割合が多く、その改訂は調査報告書に基づき、合意形成を重視したシステムで行われることなどを挙げることができる。

２０１８年までは7歳になる年度に、9年制の義務教育学校に入学していたが、現在は義務教育開始年齢が1年前倒しになっている。つまり、6歳になる年度に就学前学級（Förskolass、0年生）に入ることになったのだ。ラーロプランを日本で言うところの学習指導要領と説明する文献もあるが、スウェーデンのラーロプランはその改訂が国会発議で、国会議決になっていることなど、日本の学習指導要領とは異なるところが多々ある。「学習指導要領」と「ラーロプラン」の比較の前に、その前提として学習指導要領について簡単に説明しておこう。

学習指導要領は、文部科学省が告示する初等教育、中等教育における教育課程の基準である。各教科の教育内容、時間数などが定められている。文部科学省は学習指導要領の詳細な事項を説明した「学習指導要領解説」を併せて発行しているが、その解説は、学習指導要領とは異なり、法的拘束力はないとされている。ただし、文部科学省の教科書検定の際には強い影響力を持っていて、事実上は拘束力を発揮していると言っても過言ではない。

筆者が初めてスウェーデンを訪問した当時は、ちょうど１９９４年版ラーロプランに移行しようとしている時だった。１９９４年版は、政令『学校の責任』の下、理念（総則）と目標（到達目標）と指針、コース計画の概観と時間数が書かれているのみの簡便なものになり、学校（教師）の裁量が大幅に拡大されたものとなった。その後、２０１１年版では学校間格差を克服するため、１９９４年版に比べて管理が強まったが、ラーロプランに記載されている内容はミニマムであり、学校独自の発展や展開も認められているため「スウェーデンの学校は……」と一律に説明することは難しく、「私が参与観察した学校では……」、「私が訪問したクラスでは……」という枕詞が必要である。

本著で紹介する学校の事例も、その前提で読んでいただきたい。

写真6　エング基礎学校の1年生の教室にあったポートフォリオ（ファイル）一人ひとりの名前が書かれている。2023年10月3日撮影

（4）学びの軌跡「ポートフォリオ」

基礎学校の教室には、子どもの名前が入ったポートフォリオ（ファイル）が置かれている。そこには、作文、プリント、先生が作成した評価表、ワクチン接種の記録などが綴じられている。

それは成長の記録であり、学びの軌跡であり、評価でもある。大学生になったソフィー・リンデル（Sofia Linder）がクロッカルゴーデン基礎学校（klockargårdensskoka）時代のポートフォリオを見せてくれた。子ども時代のアルバムを開くように、1ページずつ丁寧に、自己の成長の軌跡を懐かしむように話してくれたのが印象的だった。妹のフリーダ・リンデル（Frida Linder）（2023年当時6年生）もポートフォリオを見せてくれたが、それはソフィーと同様のスタイルのもので自身の学び、成長の軌跡として大切に保管されていた。

(5) 二項対立を超えた学校という「場」——子どもという存在、その主体性を尊重する

最後に筆者が基礎学校で出会ったエピソードから、学校という「場」を問うてみたい。

2022年11月に1週間ほど基礎学校に参与観察に行っていた時のことである。毎日、その学校で緊急警報ベルが鳴った。授業中だったり、ランチを食べている時だったり、タイミングは様々だったが、その都度、私も配属クラスの子どもたちと校庭に避難した。15分くらいすると、校長が校内の無事を伝えて、避難が解除となる。最初は慌てて外に出たが、良いことかどうかは別として、3日目くらいからはコートを着て貴重品を持って出る余裕が生まれた。

「まただわ!」とややうんざりした表情を浮かべた教師もいた。「誰かのいたずら、一人ではないかもしれない」と話す教師もいた。校庭に集合して毎日、外に避難するのが恒例になっていたのだが、誰がやっているかを探そうとする気配はない。

校長も「問題がないことを確認したので、中に入りましょう」と言うのみ。大騒ぎすることはなかった。冷静に対処し、実行者たちが無意味な行動に気づいて(飽きて)止めるまでの我慢比べをしているようでもあった。一方で、本当に避難が必要なことが生じた可能性を考えて、速やかな避難をしないといけないので、緊張感を持ち続けようと

もしていた。

少なくとも、筆者が滞在中、緊急警報ベルが鳴ることを教師たちは明確にいたずらと位置づけているわけではなかったし、その原因を探そうともしていなかった。ただし、人を傷つける発言や行為に対しては迅速に行動する。スウェーデンでは、いじめや虐待で子どもの権利が守られないような事態の時にはSOSが出せるよう、「子どもオンブズマン」(ombudsman)も制度化[*8]されている。

ところで、日本の学校で先のような緊急警報ベルが鳴ったらどうだろう。私が小学生だった1970年代の個人的な経験だが、問題が起きると全員机に伏して目をつぶるよう指示された。そして、「誰がやったのか、やった人は手をあげなさい、あるいは誰がやったかを知っている人も手をあげなさい」と言われた。「犯人」が名乗り出るまで待つという姿勢だった。先のスウェーデンの学校は「犯人探し」をせず、止めるのを気長に待っていた。安全が脅かされない限り「問題」にしない、(子どもを)「犯人」にしないという姿勢である。

「問題」に対するこの捉え方の違いを考えてみたい。そこには、学校の中での「問題」を、トラブル(事件)とみなし、教師の権力の下、犯人を特定して説諭する、あるいは罰するのか、それとも発達の課題、何かのサインとして受け止め、個人の特定ではなく気づきを待つのかの違いがあるように思う。緊急警報ベルの例は、鳴らしたのが子どもだと特定できたわけではないが、(子どもの)行動を「逸脱」、「犯罪」として捉え

*8　オンブズマンは代理人という意味のスウェーデン語。スウェーデンには、市民主権の理念に照らして、公正で中立的立場で、行政への苦情や不満を調査処理する第三者組織がある。子どもオンブズマンは子どもの権利条約に基づいて制度化されており、1993年には『子どもオンブズマン事務所設置法』が制定されている。

ないということが前提になっている。

「権力は下から来る」と言ったのが、フランスの哲学者ミシェル・フーコー（Michel Foucault, 1926-1984）である。[*9] フーコーは、権力の特徴をその「偏在性」にあると分析した。権力関係は力のあるものや独裁者に局在化される上から下への力の流れではなく、至る所から昇り来る多様で微細な力の関係として説明されているのだ。[*10] そしてもちろん学校という場も、こうした静かに人々を絡め取るような権力のあり方から、逃れることはできない。

もし、教師の権力で逸脱を排除したり、マジョリティに適応させようとしたらどうなるだろう。学校生活は安定するのかもしれないが、子どもたちは、その経験を通して、問題が生じた時は権力で解決することを学習する。問題や課題を自分たちで解決しようとするのではなく、教師が解決することを待つような子どもになる。教師に依拠し、支配されることを無意識に内在化させ、権力を望むようになるのだ。[*11]

哲学者の千葉雅也は、フーコーの権力論に、今の管理社会を批判するためのヒントを見出す。すなわちフーコーは、社会の隅々に浸透していく権力の作動メカニズムを解き明かす一方で、「逸脱を細かく取り締まることに抵抗し、人間の雑多なあり方を緩やかに泳がせておくような倫理」が、権力に抗する社会を可能にすると示唆している、というのである。[*12]

緊急警報ベルの事例は、本当に緊急避難に相当することかもしれないことを念頭に置

*9　Foucault.M., (1976) *La Volonte de savoir* (Volume I de Histoire de la sexualite), Paris, Gallimard 渡辺守章訳（１９８６）『性の歴史：知への意志』、新潮社、119―120頁。

*10　高橋準（１９９５）「後期フーコーにおける権力と『自己との関係』」行政社会論集、第8巻、第1号、8頁。

*11　千葉雅也（２０２２）『現代思想入門』講談社現代新書、111―112頁。千葉は、ここで言う「現代思想」を１９６０年代から90年代を中心に、主にフランスで展開された「ポスト構造主義」の哲学を指しているとした上で論を展開している。

*12　千葉は、（フーコーが）弱いものが支配されることを無意識的に望んでしまうメカニズムを分析したことも紹介している。同右書、85頁。

きながらも、毎日繰り返されるその行動を善か悪かという二項対立で捉えるのではなく、緩やかに泳がせていたとも解釈できる。逸脱を排除するために教師の監視を強化し規律を強めるか、子どもを信じて権力に抗うか、スウェーデンの学校のその時の姿勢は後者だった。

前者の対応は子どもを規律化し、従順で（教師にとって）扱いやすい集団を形成する。後者は教師の権力を行使せずにギリギリまで待つことで、子どもの自律性、主体性を尊重する。つまりは、大人と子どもが共に悩み、考え、解決を模索するという対等な集団形成へと向かう。

ここで、再び、エレン・ケイの言葉を引用する。

「（彼ら／教育家は）子どもに向かって、克己とか、義務とか、名誉感とか、あるいは自分らの瞬間も守っておれないような慣例とかを、途方もなく強いる。学校でも家庭でも、子どもの過失のあるところ、人々は針をも棒にして騒ぎ立てる。（中略）自然的教育の妙技は、子どもの過失を10度のものなら、9度まで不問に附すところにある」[*13]

子どもの行為を安易に逸脱と捉えない、子どもを犯人や悪人にはしないという姿勢である。ただし、先にも述べたように、子どもの危険やいじめを、学校に限らず大人は黙認しない。

最後に、ストックホルム市内を走る地下鉄に乗っていた時の出来事を取り上げたい。旧市街のガムラスタン（Gamlastan）駅から4―5人の子どもが乗ってきた時のことであ

＊13　前掲書（＊1）Ellen Key、109頁。

る。その中の一人の子どもが乗ろうとした瞬間に、その体を押して電車から降ろそうとした子がいた。押された子は危うくドアに挟まれそうになったのだ。その時、近くにいた複数の大人が即座に駆け寄り子どもを助け、次に体を押した子どもの手を強く握り、目をしっかり見て首を何度も横に振った。子どもを危険から守る、許してはいけないことについてはしっかり伝える。たとえそれが、知らない子どもであったとしても。私は感動したと同時に、見ているだけで即座に動けなかったことが恥ずかしくてならなかった。

本章は、スウェーデンの義務教育学校を概観し、次章以降で紹介するエピソードの前提にすることを意図していたが、総論と言うよりはむしろやや各論に入り込んでしまった。これは、本書が具体的な事例から帰納的にスウェーデンの学校や日本との違い、それぞれの課題を考えることを意図していることと無関係ではない。

次章以降では、筆者がスウェーデンの基礎学校の参与観察を繰り返してきた中で、「面白い」、「なるほど」と思ったエピソードと論点を取り上げ、そこから日本との共通点と差異、今後の課題を展望したい。

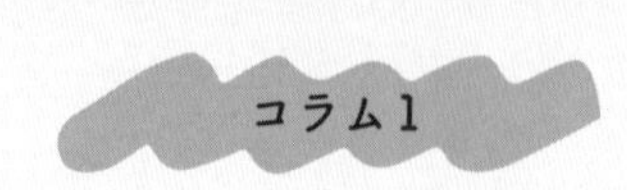

学校で働く人、校長先生は4番目？

1～3年生までが使用する低学年用のオリエンテーション（社会）の学習材には、学校で働く人について以下のように書かれている。

> 学校では多くの大人が働いています。いろんな職種の人がいます。紹介するのは、学校で働いている異なる職種の人です。
> ・先生
> ・フリーティス（児童クラブ）の先生
> ・子どものアシスタントの先生
> ・校長先生
> ・ランチを提供する人たち
> ・図書館司書
> ・守衛員
> ・清掃員
> ・スクールナース
>
> ※ Göran Körner・Maria Willebrand（2021）
> *PULS SO-Boken*, Natur och Kultur, s.9.

校長先生は4番目に登場している。「校長先生、教頭先生の順ではないの？」という声が聞こえてきそうだ。1年生の子どもにとって身近な存在である担任の先生、フリーティスの先生から始まるのはごく自然な流れ、子どもの目線が大切にされている。

オリエンテーション（社会）は日本の小学校の生活科に近い教科である。日本の複数の生活科の教科書を見てみたが、学校探検で学内の「場」に焦点化した内容が多く、学校で「働く人」を紹介しているものは、現時点で見出せていない。

この差を面白いと思うのは私だけだろうか。

コラム2

多少の雨や雪はへっちゃら！
――傘の代わりのヤッカと乾燥室

日本の女性と結婚したスウェーデンの男性（当時仙台在住）が、子どもと雨の中、傘をささずに公園に遊びに行ったことで夫婦喧嘩になったと話してくれた。

彼女は「こんな雨の中、傘もささずに公園に行って、風邪をひいたらどうするの？ 考えられない」と強い口調で言ったというのだ。スウェーデンで生まれ育った彼は、彼女が何を怒っているのかさっぱりわからない。なぜなら、子どもの時から、雨が降っても、雪が降ってもヤッカを着て外で遊んでいたのだから。ヤッカは、防水加工がされたフード付きの上着で、寒冷地や山岳登山で利用されている。

雨が降っているからといって教室の中にいるという文化は、スウェーデンにはない。休憩時間は外の空気を吸うことが奨励されている。

その代わりと言ってはなんだが、教室の近くには乾燥室があり、濡れた衣服をいつでも乾かして温めることができるようになっている。

北海道で生まれた私は、雨の日には傘をさしたが、雪が降っても傘をささずヤッケ（日本ではヤッケ）を着て外で遊んでいた。なので、先の夫婦喧嘩、どちらの気持ちも半分ずつわかる。

2023年10月初旬に参与観察をさせてもらったクラスの1年生と白樺を見に雨の中を歩いたのだが、日本の11月下旬の寒さだった。冷たい雨の中を歩いてつらかったが、子どもたちは元気いっぱい。雨でもへっちゃらだった。スウェーデンの学校の辞書に雨天中止はないようだ。

教室横の乾燥室
2023年10月3日撮影

第2章

自由・柔軟

「スウェーデンの学校は、自由度が高くて柔軟」

その印象を裏づけるために、早速いくつかの学校を紹介することにしよう。写真1は、基礎学校の入り口付近である。街中の学校、郊外の学校ともに開放的である。門があり扉（施錠）があって外と内を隔てるような作りにはなっていない。

いつもそうなのだが、筆者は授業見学のアポをとった教師がいる部屋、約束の場所に直行する。参与観察前に、校長室に立ち寄って校長にご挨拶をしたりすることはない。もちろん、校長に聞き取りをする時は別である。偶然、職員室で校長先生と会って挨拶や雑談をすることもある。事前の訪問許可のために校長宛文書の作成を求められることもない。一度だけ、現地の知人を介して学校に飛び込みで見学を依頼したことがあるが、その際は事務担当者から一応校長に連絡するよう言われた。ただ、その日のうちに歓迎するというメールを受け取った。通常、研究協力者の教師がいいといえば自由に入っていける。

ランチルームで参与観察をさせてもらっていたクラスの子どもたちと食事をしていたら、他のクラスの教師に声をかけられたことがある。うちのクラスも見学していいと言われ、その場で約束して翌日訪問することとなった。私からは、校長の許可をとっていない。もちろん、校長の権限と責任は明確になっているし、最終的に責任をとるのは校長である。ただ、筆者の訪問レベルは、各教師の裁量の範囲であるということなのだろう。

写真1　ストックホルム市街の基礎学校（低中学年）
2013年10月18日撮影

ランチルームでのケースに限らず、どの学校でも職員室にいると、調査協力者以外の先生たちも気さくに声をかけてくれる。

筆者が初めてスウェーデンを訪れたのは、１９９４年の8月である。１９９１年に政令『学校の責任』（Ansvar för skolan）が公布され、教育の権限が大幅に国から地理的行政組織であるコミューン（Kommun, 基礎自治体）に委譲され、各学校の裁量権が拡大された時だった。しかし、その後、２０１１年の教育改革で管理が強まり、揺り戻しがあった。その背景として、地方間、学校間の格差の課題が浮かび上がったことが挙げられる。裁量権の拡大と揺り戻しは、国と地方、学校の自由と管理のバランスの塩梅を探っているのだろう。ただ、管理が厳しくなった11年以降のスウェーデンの学校も、日本の学校と比べると「自由で柔軟だ」と思う。

写真2で玄関から入っていこうとしているのは、基礎学校高学年（中学生）の子どもである。無償のランチが提供されているが、それを食べてもいいし、友だちと外で食べてきてもいいのだ。写真の2人は、昼休みを外で過ごして戻ってきたところなのだろう。

筆者が90年代から参与観察を繰り返してきた中で、まず第一に「面白い」と思ったのが「時間割」*1だ。

02

写真2　ストックホルム市郊外の住宅街の基礎学校（高学年）２０１７年3月27日撮影

＊1　「黒板」と「時間割」については以下の本の内容に新たな情報を加えて執筆している。
①戸野塚厚子（２０１４）『スウェーデンの義務教育における「共生」のカリキュラム――"Samlevnad"の理念と展開』明石書店、47－48頁。
②戸野塚厚子（２０２１）『スウェーデンと日本の往還、そしてその向こう側――教育学における旅』宮城学院女子大学人文社会科学研究所編『〈往還〉の諸相』翰林書房、158－161頁。

1

「時間割」と教師の裁量

（1）黒板に書かれるその日の「時間割」

写真3は、アブラハムベルグ基礎学校（Abrahamsb-ergskolan）低学年のクラスの「時間割」である。

参考までに、2000年以降の基礎学校中・高学年の教室も話題とする。

写真4は、アールヴィック基礎学校の（Alvikskolan）の黒板である。日本の小中学校の時間割の多くは、教室の前（黒板横あたり）に模造紙に書かれて貼られている。日本の学校も黒板に日直の名前や

03

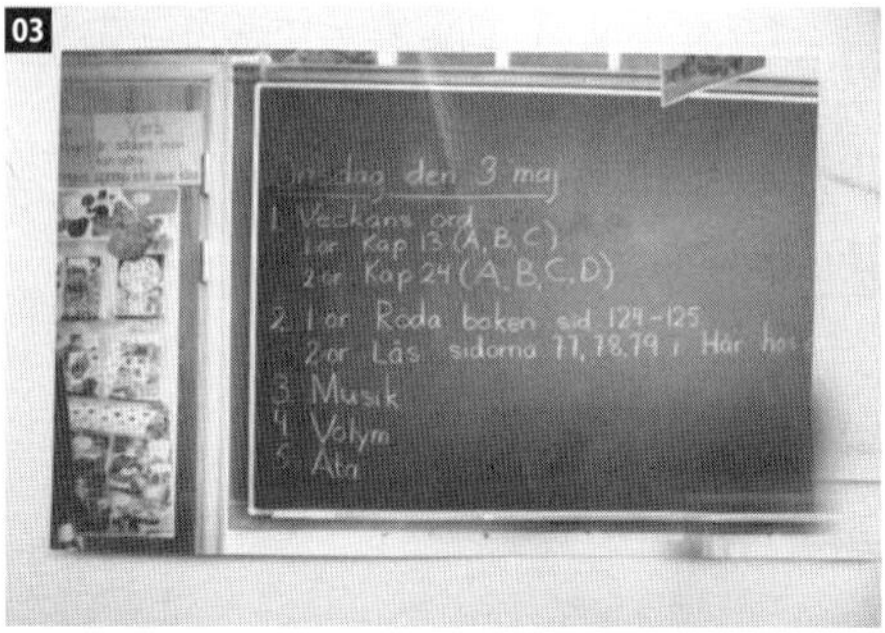

写真3　基礎学校（低学年）の教室の黒板
1995年5月3日撮影
板書の内容を直訳すると以下のようになる。
5月3日（水曜日）
1、週の言葉
　1年生　Kap13 (A, B, C)
　2年生　Kap24 (A, B, C, D)
2、1年生　赤い本の124—125頁
　2年生　オリエンテーション科学習材『ここでわたしたちといっしょに』77—79頁を読む
3、音楽
4、体積（算数）
5、昼食

その日の予定などを書いているが、スウェーデンでは黒板周辺に日本のような模造紙の時間割を見かけたことがない。時間割の固定度が異なるのだと考える。固定された時間割と柔軟に運用している時間割、ここから、様々な違いを考えることができる。

スウェーデンでは、高学年（7～9年）の教科担任制になるまでは、時間割をクラス担任が柔軟に運用している。国レベルのカリキュラムであるラーロプランに定められた時間数を守っていれば、教師が子どもたちの様子を見ながら1日の時間割を考えることができる。時間割として、書いたり消したりすることが可能な黒板が利用されていることに触発された。日本でも子どもの学びの状況を考慮しながら、担任と子どもが相談しながら柔軟に時間割を作っていけないものだろうか。スウェーデンの時間割は、SBC

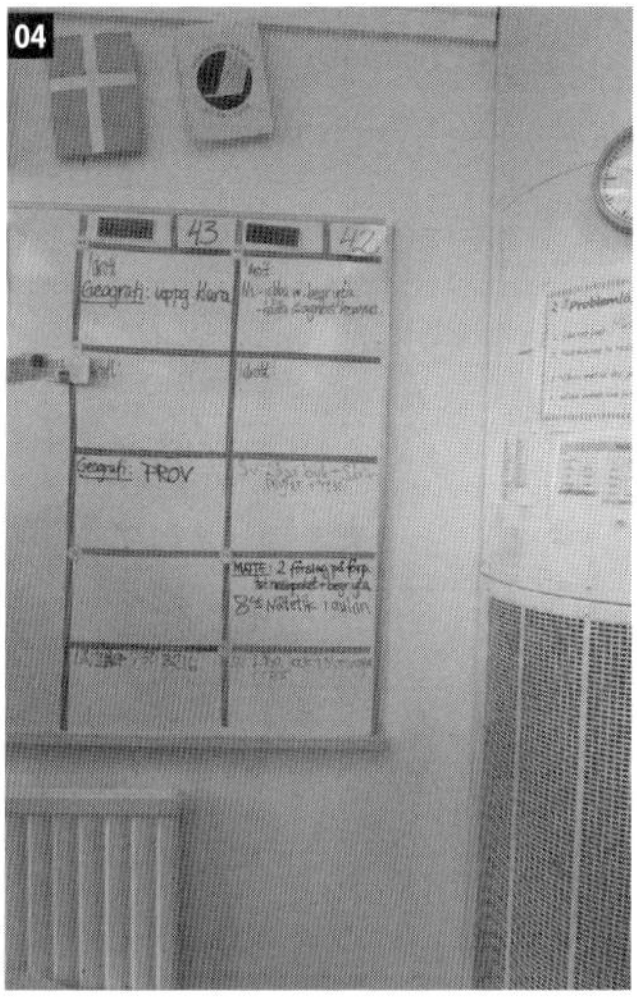

写真4　アールヴィック基礎学校（高学年）の教室
これは中学校の社会の先生の教室で、42週目と43週目の社会科の情報が書かれている。
2013年10月16日撮影

写真5　エング基礎学校6年生の教室
この教室の入り口には週の時間割が貼られていた。その上で担任が柔軟にその日の時間割を掲示していた。
2022年11月9日撮影

D（School Based Curriculum Development）と言うよりＣＢＣＤ（Classroom Based Curriculum Development）と言った方がいいかもしれない。

日本の読者からの「前日に、時間割を見ながら教科書をランドセルに入れられない」、「教科書はどうするのか」という疑問が聞こえてきそうである。

教科書（スウェーデンでは学習材）は、貸与制のため、ランドセルに入れて持ち歩く必要はない。写真7を見てもわかるように、学習材は教室の本棚や机におかれている。授業で使用する際に配布されるのだ。したがって、子どもたちは、重たいカバンを背負って通う必要がない。そのため、スウェーデンの学習材は、写真が豊富で厚め（重め）である。日本の教科書は給付制であるが、貸与制の国は、スウェーデンだけではない。他にもアメリカ、カナダ、イギリス、オランダ、ドイツ、フィンランドなどが知られている。[*2]

学習材は授業で必要な時に活用するが、教師がそれを教えるというスタイルの授業ばかりではない。訪問した教室の本棚には、学習材が置かれていて授業中、それ以外でも子どもたちは自由に読むことができる環境にある。学習材は、希望があれば他の書籍同様に購入することも可能である。

学習材については後述するので、話を時間割にもどそう。

石附実は、教育の近代化つまり能率化と組織化の時間的な表現のひとつが時間割にほかならない[*3]と説明している。そして、西洋では１８２０年代から30年代にかけて、日

＊2　二宮皓（２０２０）『海外教科書制度調査研究報告書』刊行報告、教科書研究センター通信、No.120、3頁。スウェーデンの学習材は一般の本屋でも購入できるため、任意で購入することが可能である。

＊3　石附実（２００５）『教育における比較と旅』東信堂、18–19頁。

本では1872年（明治5年）の「学制」以降に時間割が一般化したと言われている。

スウェーデンの基礎学校低学年（小学校1〜3年）の1クラスの人数は20―24名程度。授業は、教師が子どもたちの進度や学びの様子を見ながら、一斉授業と個別授業を組み合わせながら行われている。特別なニーズを持った子どものサポート役の教師も授業に入る。その日の時間割も、担任が子どもたちの学びの様子を見定めながら、ラーロプランに定められたミニマムを厳守さえすれば柔軟に計画変更することが可能になっているのだ。

消せる時間割と消せない時間割の差は、学習者の学びの状況や進度からカリキュラムを考えることができるかどうか、つまり自由裁量の差なのである。そして、スウェーデンの1時限は、20分から80分までと多様で、規則性を見出すのは難しい[*4]という実態も紹介されて

写真6　基礎学校（低学年／1〜2年）の授業風景　このクラスは1〜2年の複式クラス　1995年9月13日撮影

写真7　基礎学校低学年（3年生）の教室　貸与制学習材が置かれている本棚と机　2022年11月10日撮影

＊4　このことについては川上邦夫も訪問した学校を例に「1時限の長さについては、学校毎によってことなると思われる。レークサンドの学校では全くまちまちで、20分から80分の幅で何種類もある。またクラスによって始業・終業の時間が異なっている。そこに規則性を見出すことが困難という実態です」と説明している。Lindqvist, Arne och Wester Jan (1991). *Ditt eget samhälle SAMS2* Almqvist & Wiksell アーネ・リンドクヴィスト　ヤン・ウェス

いるが、それは筆者の参与観察に基づく見解とも一致する。ラーロプランで定められた各教科の総授業時間を守っていれば、1時限の時間も一律にしなくてもよい。

（2）黒板の時間割のその後

1994年版ラーロプランから自由裁量権の拡大で学校・教師の自由度がさらに上がった。しかしながら、2011年版以降は学校格差、クラス間格差の問題を克服すべく国の管理が強まってきた。社会のデジタル化が進み、時間割もアナログからデジタルに移行した。

2018年からは、親も子どももアプリで学校の情報を入手するようになっている。例えば「LOGGA IN I VKLASS」というアプリ、そこにパーソナルナンバーを入れると学校の情報が入手できるのである。次週の時間割、週の学習の力点項目（準備物）、宿題、給食のメニュー、先週の学習報告（ポートフォリオ）、欠席の連絡、教師と保護者、保護者同士のメールのやりとりも、このアプリで行われている。

第1章のフリーダが通っていた基礎学校（低学年0～3年）では、1週間分の時間割がアプリで配信されているものの、先生の時間割における柔軟性は担保されているそう[*5]だ。

エング基礎学校で低学年の担任をしているシロウは、1週間の授業時間数を守っていれば1日の時間割を変えるのは担任の自由と説明する。[*6]ただし、ランチの時間と体育、

テル（川上邦夫訳）（1997）『あなた自身の社会』新評論、201頁。

＊5　2021年9月8日にリンデル佐藤良子氏に実施したZoomでの聞き取り調査。

＊6　2022年11月9日ストックホルムのエング基礎学校（Ängskolan）の3年生の担任のシロウ（Tjio）に実施した聞き取り調査より。

音楽は教室の関係で固定されている。さらに、シロウは、全てのクラスにおいて、1週間の時間数が守られているかどうかを確認する役割を担っていると話した。各担任から提出される1週間の授業実態（実施した時間割）を複数の教員で確認しているのだ。

例えば、天気が良いので外で自然観察をしたとか、カヌーをしたなど、担任の裁量で臨機応変な運用が行われている。そのアプリを見せてもらったが、活動がラーロプランのどこに関連しているかなどの説明がついているものもあった。視覚的にわかりやすくなっているが、一方で教師の保護者への説明義務が強化されていることから、やはり11年版以降は管理が厳しくなっていることを実感した。スウェーデン在住の研究仲間リンデル佐藤良子（Linder Sato Ryoko）氏は「便利になったのだけど例えば欠席する場合、アプリだとなぜ休むのか、どんな状態かなど、担任と電話連絡をしていた時のような情報の共有はできなくなった。なので、欠席の連絡をアプリですると先生によっては電話をくれる」[*7]と話してくれた。デジタルの画面はとても綺麗で、いつでもどこでも見られて便利だったが、その教師の手書きの文字、声で伝えられるものも、保護者との双方向のやりとりも大切にしたい。デジタル化が進んでも、アナログの良いところは残していきたい、残っていってほしいと願うのは筆者だけだろうか。

「ゆったり、柔軟で余裕がある時間割」と「きっちりと、ルーティン型の時間割」、スウェーデンと日本、スウェーデンの各時代のラーロプランの比較を繰り返しながら、子どもの発達と学びにとって、教師のカリキュラム開発にとってどちらの時間割がよいの

*7　前掲聞き取り調査（*5）。

かを考えてみる必要がある。

それは、日本の義務教育における貸与制の学習材導入の可能性、低学年の児童にとっては重いランドセルを背負って通学することの是非を問うことにもなるだろう。

写真8　エップペルヴィック（Äppelvik）基礎学校高学年の教室
写真の社会科教師のパトリック・ゴットフリッズソンは、アールヴィック基礎学校からエップペルヴィック基礎学校に異動した。
2017年9月27日撮影

2

学習材*8

（1）教科名と一致しない学習材

資料1の学習材は、基礎学校（低学年用）として用いられているもので、直訳すると『人間読本』となる。

このように、スウェーデンの学習材には教科名に呼応していないものが存在している。この本は、理科、社会など複数教科用として出版されていて、からだの学びを通して自己理解、他者理解、健康について学ぶように構成されている。

09

写真9　学習材『人間読本』Mårten Ralph (1995) *Människoboken*, Almqvist & Wiksell

*8　「学習材」については前掲（*1）に示した①戸野塚（2014）、②戸野塚（2021）の文献を基に執筆している。

目次の一部、感覚器の部分を抜粋すると表1のようになっている。

感覚器を学んだ後の「自己と他者を理解する」（Att förstå sig själv och andra）（38頁）に目に涙をいっぱいためた少年の写真（写真10）が載っていた。

目に涙をいっぱいためた少年の写真である。

そして、写真の下には、次のことが書かれている。

「全ての人がおたがいの言葉を理解できるわけではありません。でも、たとえ他の人が地球の反対側から来たとしても、その人が何を感じているか理解することができます」

「たとえ言葉が通じなくても、あなたの感覚器を使ってこの子を見ようとしたら、彼が今どんな気持ちでいるか理解できるでしょう?」というメッセージなのだ。感覚器について知る、覚えることを超えたメッセージが内包されていると言ってよい。「感覚器は何のためにあるのか?」と問うているのである。

表1　『人間読本』目次

タイトル	ページ
・人間とは何か	5
・細菌	8
・からだの部分	12
・脳	16
・神経	21
・感覚	22
・視覚―目	24
・聴覚―耳	28
・バランス	31
・知覚―触覚	32
・嗅覚―鼻	34
・味覚―舌	36
・自分と他者を理解する	38

筆者作成

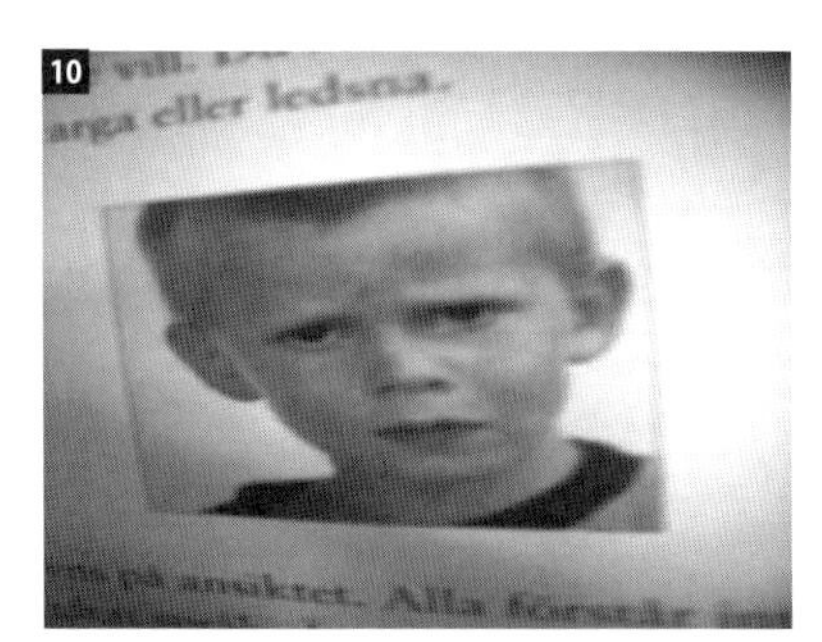

写真10　『人間読本』の「自己と他者を理解する」
Mårten Ralph（1995）*Människoboken*, Almqvist & Wiksell, ss38-39.

（２）教科書検定制度がある国とない国

前後するが、ここでスウェーデンの学習材について、若干の説明を加えたい。

ラーロプランは、学習材を「あらかじめ定められた目標を追求する前に、教師と生徒がその仕様に同意しているものである」[*9]と説明している。

そして、学習材には「子ども用事典」やレコード、テープ、スライド、ＣＤなどがセットになっているものがあり、まさに「子どもが主体的に学習を展開していく学習材」[*10]として作られている。デジタル教材の開発も進んでいる。

さらに、スウェーデンには出版の自由に関する法律があり、日本のような事前の教科書検定制度はない。

ただし、１９９１年に国立教材情報研究所（Stantans Insyitut för Läromendelsimfornation, SIL）が廃止されるまでは、社会科を中心に優れた学習材を推薦するための審議をしていた。事前の検定制度はないため、ラーロプランに明記されている最低限が守られれば、執筆者が重要だと思う内容を取り入れることができる。日本では、執筆者（研究者）が書きたいことがあったとしても、文部科学省の教科書検定制度があり、学習指導要領の範囲内の執筆に留まっている。

スウェーデンの学習材を分析していてラーロプランを先取りしたかのような記述に出会ったのも、出版の自由の保障、検定制度がないことがその背景にあるのだ。さらに、ラーロプランが改訂されても、学習材を全て変えるわけではないし、絶えず新たなもの

＊9　Skolöverstyrelsen (1978). Lgr. 80.s.50

＊10　北欧を代表する学習材研究者であるスタファン・セランダー（Staffan Selander）（１９９０）は、『教科書分析の理論化へ向けて』スカンジナビア教育学研究誌、第2号で「教科書は、子どもが主体的に学びを展開していくための学習材となっている」と論じている。

に更新されているわけでもない。1995年発行の写真9、10の学習材は、筆者が入手したのは2005年頃だったと記憶している。予算が潤沢かどうかも更新の有無に無関係ではないが[*11]、学習材を教えるというよりは、必要な時にそれを活用するイメージであり、内容として記載されている事実に変更がない限り、変える必然がないとも言えるのだ。さらに、学習材は、教師が教えやすいという理由だけで選ばれるわけではなく、学習者の観点を取り入れて選択することが求められている。

学習材は教師の論理だけで選ばれないし、隣のクラスと異なるものを採択してよい。日本の教科書の質の向上のためにも、「教科書を教える」という授業観、教科書検定制度、そして教科書の採択のあり方を問う必要がある。

＊11　林は「スウェーデンの多くのコミューンが教育費のバウチャー制を採用していて、学校には生徒数に応じて予算が配分されている。ただし、予算制約があるため、教科書の更新が滞り、古い教科書を使い続けている」と指摘している。詳しくは林寛平（2020）「スウェーデン王国」、公益財団法人教科書研究センター海外教科書調査研究委員会報告書『海外教科書制度調査報告書』を参照されたい。

3 スクールランチ（学校給食）

（1）無償のランチ

スウェーデンのスクールランチは一律無償である。フィンランド、エストニアも無償である。一方、日本では一律無償にはなっていない。大阪市では2020年度から、青森市は2022年10月から公立小中学校が無償化、2023年春から千葉県市川市が公立小中学校で完全無償化する。2023年3月6日の朝日新聞社会面は、東京都内は9区1市が実施を予定していること、その一方で「財源がない」、「国としてやるべきだ」といった理由で実施に慎重な区や市が多いことを報じている。自治体によって子育て世帯の負担に格差が生じているのだ。国は、経済的に厳しい家庭の給食費はすでに免除しているとし、無償化は各自治体が判断する課題というスタンスである。自治体によって支援の内実が異なることの懸念が残る。一律完全無償化になったとして、次は美味しく楽しい時間にする、質的改善の課題の検討が残されている。

実は、スウェーデンでも子どもの格差が問題になってきている。インフレ、物価上昇の中で補助金が十分でないため、親が子どもに食事を与える余裕がなく、飢えている子どもがいるというのだ。2023年6月4日にスウェーデンの二大新聞の一つである『Svenska Dagbladet、以下SvD』に掲載された「空腹の子どもたちの神話」(Myten om de hungrande barnen) という記事で、各政党の見解を紹介している。

【資料1】空腹の子どもたちの神話

政治家たちは、空腹の子どもたちについて警鐘を鳴らした。

マグレーナ・アンダーション(社会民主労働党):私たちは空腹の子どもたちに関することに対して、一切の寛容を求めない。

エヴァ・ブッシュ(キリスト教党):家に以前ほど食べ物がないため、空腹の子どもが増えている。

モハレム・デミィーロック(中央党):日常生活をうまく機能させるための最も効果的な方法は、絶対的に所得の低い人たちの税金を下げることである。そうすることで、親は子どもをお腹を空かせることなく学校に通わせることができる。

マルタ・スティネビー(環境党):全国の学校は、お腹を空かせて学校に来る子どもについて警鐘を鳴らしている。

さらに、２０２３年5月29日の新聞『SvD』[12]では「お金が足りない時に、どうやって子どものためにお金を集めるか？」いう記事が掲載された。その中で、「子どもたちがお腹を空かせている。それは親のせいだ」と言って、野党の演説を批判し、続けて「誰もが小麦粉、イースト、ジャガイモ、マメ科植物、オーツ麦、そしてりんごを買う余裕がある」と述べた意見が紹介されている。それに対して、貧困研究に取り組んでいるルンド大学のアンナ・アンゲリン（Anna Angelin）教授は、「経済的に厳しい世帯では、食料へのアクセスが不安定になること、多くの場合重要なのはタンパク質であるが、常に魚や肉を買う余裕があるとは言い難い、さらに果物や野菜が高すぎる、経済状況が悪化し、食品の価格は高騰した、貧困のリスクが拡大している」と述べている。続けて、月曜日と金曜日に、学校で追加の食事提供をして、親の負担を軽減する試みをしていることなども紹介されている。同日の新聞記事で１８５３年の創立以来、ストックホルムを中心に社会貢献活動をしているＮＧＯ団体ストックホルムスタッドミッション（Stockholms Stadsmission）がスポンサーになり、低所得者の人が、通常価格の3分の1で食品を購入できる店舗や施設を立ち上げたことが紹介されている。ただし、週1回３００スウェーデンクローナまでで、牛乳は1人1パックまでと制限をかけて多くの人に行き渡るようにしている。２０２３年5月29日現在でストックホルム、マルメ、

＊12　２０２３年５月29日のSvDの10頁の記事より。

イェーテボリに9ヶ所、23年中にあと4ヶ所システムを導入する店舗がオープンする予定だそうだ。

このように、スウェーデンでも、お腹を空かせて登校する子どもが問題になっているが、日本の子どもの貧困は喫緊の課題である。厚生労働省の調べでは、17歳以下の子どもの貧困率が11・5％（2021年）で、約8・7人に1人が貧困状態にあり、特にシングルマザー世帯が厳しい経済状況となっている。[*13] そして、コロナ禍で厳しい生活状況に拍車がかかった。

日本では「学校が昼食に加えて朝食まで提供する必要があるかどうか」という議論があり、学校が担う役割の範囲について、論点整理をする必要がある。

（2）ビュッフェスタイルのスクールランチ

小学校時代、給食が大の苦手だった。体調、空腹度にかかわらず、ほぼ同じ量を食べるのが苦痛で、食べ残したパンをこっそり机の中に隠していたこともある。「残さず食べなさい」と言われても無理だった。さらに、和食なのに冷たい牛乳を飲むことへの抵抗もあった。さっきまで授業をしていた部屋でランチを食べて、その匂いの中で迎える5時限目も不快だった。私が在籍していたクラスでは全員が完食したグループから遊びに行っていいというルールになっていて、ゆっくり食べていたり、嫌いなものがあって食べられないでいると、食べ終わった仲間の眼差しが気になって辛くなるのだ。いつも

＊13　厚生労働省（2022）「令和3年度　全国ひとり親世帯等調査結果報告」厚生労働省子ども家庭局家庭福祉課母子家庭等自立支援室

先生の目を盗んで、近くの子に食べてもらっていた。これは昭和の小学校の個別具体的な経験であり、日本の学校給食を一般化することはできない。今は、日本の学校も「健康」を理由に「嫌いなもの」を無理に食べさせるのではなく「好きなもの」を増やしていく発想になってきている。勤務校（宮城学院女子大学）の大学附属認定こども園での研修会でも食育を研究している教授が「嫌がる子どもの口に無理やり食べ物を入れるのは虐待に通じる」と説いていた。それでも、なお私の日本の給食に対するイメージはなかなか好転しない。

一方、スウェーデンで経験したスクールランチは、全てランチルームでのビュフェスタイルで、毎回美味しく楽しい時間であった。いったい何が違うのだろう？

私がスウェーデンで経験したスクールランチのメニューは、ラザニア、サラダ、ポテト、ミルク、ハードなパンだったと記憶している。ミルクは脂肪分の選択ができるよう複数置いてあった。子どもたちが、茹でたポテトの皮を器用に剥いていたのにも感心した。またある時は、サラダバー（レタス、人参、コールスロー、豆、クスクス）が充実していた。それにメインのお肉、パスタ、ミルク、ガス入りとガスなしの水が並んでいた。ビーガンのコーナーもあり、多文化共生が考慮されているものだった。

２０２２年11月と２０２３年10月に訪問したエング基礎学校では、ランチルームを担当するチーフの下、調理人３名が指示されたメニューを調理していた。市に栄養士がいて、その栄養士が、エング基礎学校を含めて３ヶ所の学校のメニューを管理している。

アレルギーの子どものことも全て把握されていた。私の隣で食べていた子どもは、人参サラダとパンだけを食べていたが、特段の指導もなく、座る席も含めて自由になっていた。ただ、「メインは1人3個までにしないとみんなが食べられなくなる（足りなくなる）」ということだけが伝えられていた。栄養バランスを考えたメニューであるが、それを食べるかどうか、そこから何を選ぶかは子どもに委ねられている。

ランチルームを出るところに美味しかったかどうかを意思表示するボタンがあり、その結果をメニューの評価に反映させている。

7～9年生、すなわち高学年担当の教師であるパトリック・ゴットフリッズソン（Patrik Gottfridsson）は、当時勤務していたアールヴィック基礎学校で、週に一回子どもたちと給食を食べるのが義務で、それ以外のランチタイムは自由にしていた。教師が交代で、子どもたちとランチを食べているそうだ。アールヴィック基礎学校は子どもと食べる時だけ教師も無償、それ以外は安価で

写真11　エング基礎学校のレストラン
低学年は10時30分からランチタイム
2023年10月3日撮影

写真12　レストランの出口に置かれた感想ボタン
2022年11月8日撮影

あるが有償、エング基礎学校は全ての教師がいつでも無償だった。そこはコミューンによって異なる。

私が訪問した基礎学校の低―中学年（1～6年、小学生）は、担任の先生と一緒に給食を食べていたが、高学年（7～9年、中学生）は、外でピザを食べても、ホットドッグを食べても自由で、無償のランチを選ぶか、外食をするかを決めるのは子ども自身であった。授業で学んだ栄養と健康の知識をどう活かすかは、子どもたち自身に委ねられている。子どもの健康のため、良かれと思って食べさせようとすることが「食べる」ことを苦痛にすることもある。日本の学校給食も工夫されているものの、文化的背景の尊重、体調を含め「食べる」という行為の尊重、再考が課題である。

小学校低学年（1～3年生）の学習材に書かれている「休憩とランチ」を以下に紹介しよう。

写真13・14　エング基礎学校のランチメニューの一部（サラダバー、ミートボール、ポテト等）2023年10月3日撮影

【学習材】休憩とランチ

人が働いている場所を仕事場といいます。学校は子どもの仕事場です。

法律によれば、働いている全ての人が休憩を取らなければなりません。ということは、それは学校の子どもたちにも当てはまります。多くの学校には、食事を提供する特別な場所（レストラン）があります。

スウェーデンでは全ての子どもに無償で給食が与えられます。これは全ての国に共通しているわけではありません。サンドイッチを持参したり、給食費を取られたりする国もあります。

Göran Körner・Maria Willebrand（2021）*PULS SO-Boken*, Natur och Kultur, s.9.

（3）給食時の忘れられない出来事——恥ずかしいのは彼の行動、先生じゃない

スウェーデンの給食で忘れられない「コト」があった。ストックホルム郊外のヘッグビッグ基礎学校（Haggriviksskolan）の生物教師クリスティーナ・ホルステン（Christina Horunste）とスクールランチを食べていた時のこと。近くにいた先生に注意された男子生徒が感情をコントロールできず、暴言を吐いて床に料理を叩きつけて出て行った。その時、ホルステンは「日本からお客さんが来ているのに、恥ずかしい（残念だ）」と呟いたのだが、それを聞いた女子生徒が次のように言ったのだ。

「先生が恥ずかしがることはないでしょ。恥ずかしいのは彼がとった行動

だわ」

そして、「この学校のありのままを見てもらえばいい」と言い切ったのである。私も逆の立場なら、ホルステンと同じような気持ちになったに違いない。

それにしても、教師にはっきりと意見を言った女子生徒に感心した。「恥ずかしいのは行動」、つまりは「（彼の存在ではなく）彼の行動が恥ずかしいの」と言っているのだ。

児童文学者アストリッド・リンドグレーン（Astrid Lindgren）の作品に登場する子どもが、まるでそこにいるかのようであった。長くつ下のピッピやロッタちゃんのような子どもが育つ環境、大人と子どもの関係を問うてみる必要がある。

初めてスウェーデンを訪問してから時が過ぎ、スウェーデン社会も学校も変化している。

しかしながら、「（スウェーデンの学校は）自由度が高く柔軟。みんながゆったりしていて、優しい」という印象は総じて変わらない。

コラム3

ノートが大切！
——世界に一つの手作り学習材

6年生のフリーダ（Frida）がノートを見せてくれた。『私のからだの本』（Min bok om kroppe）というタイトルで、それは、「手作り学習材」とも言える力作だった。フリーダ自身も誰かに見せたくなる、見せてもいいと思えるような仕上がりになったのだろう。スウェーデンの学習材は、貸与制なので、授業で使う時に配布され、授業が終わる時に回収される。大事なのは各自が作成するノート。手書きでよく整理されている。配布されたプリントも貼り付けてある。フリーダのノートには、細胞の絵なども正確に描かれていた。まさに、子どもが作る唯一無二の作品、世界に一つしかない学習材なのだ。子どもにとって、愛着のある尊いものだから、大切に保管されるのだろう。

ノート作りは、アナログな作業である。もちろん、子どもたちは授業でPCを使いこなしデジタルな世界の学びもしているが、書くことを通して考え、覚える。「ノート」の重要性を再評価した。

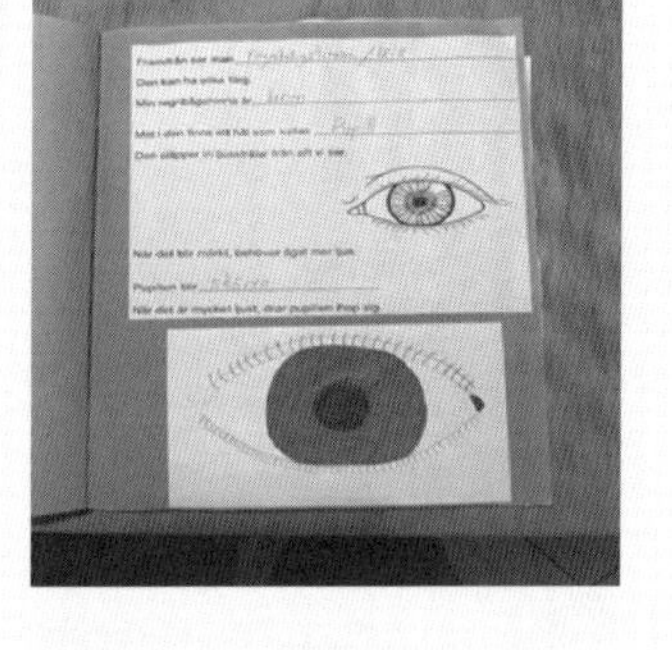

フリーダが作成したノート『私のからだの本』
2023年10月6日筆者撮影

第3章

ゆとり・文化

「帰宅時間が早い」それは教師に限ったことではない。「今日は帰りが遅くなる」と言って出て行った友人のパートナーが18時30分くらいに帰ってきたのには驚いた。18時30分がいつもの帰宅時間より遅いというのだから。

教師の働き方改革が課題の日本とは、時間の流れが明らかに違っている。6月中旬になると夏休みに入り、仕事のメールが返ってこないのは当たり前。Zoomを使えたとしても、休みに仕事を入れたりはしない。スウェーデンでの8月末や9月初旬の調査の約束は、6月の初旬にしておくのが無難だ。

本章で紹介するエピソードは、必ずしも学校、教育に直結していない内容も含まれている。しかしながら、学校の背景にある暮らしや価値観を共有する必要がある。なぜなら、「学校」、「教室での出来事」は、学校制度のみならず、地域や風土、人々の暮らしや文化、価値観に関わっているからである。

1

FIKA（フィーカ）

（1）午前と午後のコーヒーブレイク

「はじめに」で紹介したが、スウェーデンの職場には、ランチタイム以外に午前と午後にお茶の時間（FIKA）がある。時間だけではない、そのための素敵な空間がある。エレン・ケイは、エッセイ『住まいの中の美』（Beauty in the Home）[*1]の中で、「美が暮らし（人生）を豊かにする、美は一部の裕福な人たちのものではなく、全ての人に関係している」と言っている。スウェーデンの学校建築、住まい、様々な空間のデザイン性の高さ、豊かさに通底している思想だ。

FIKAは、スウェーデン人の（労働）生活に浸透した文化である。そして、FIKAという言葉は、19世紀に使われた音節が逆になる倒語、Kaffi から Fika に派生したと

＊1　Ellen Key（1897）. *Skönhet i Hemmen*. Små uläggningar af Ehrensvärds 日本語訳は、2021年に池上貴之訳『住まいの中の美　エーレンスヴァルドの文章のささやかな説明』Amazon Publishing が発行された。

言われている。スウェーデン語でコーヒーを意味するKaffi（カーフィー）の「Ka」（カ）と「ffi」（フィー）が逆になって「ffi」（フィー）「ka」（カ）となったそうだ。コーヒー消費量で世界上位に位置するスウェーデンらしい言葉のようにも思える。

調査で学校に行くと、まずはコーヒーが良いか、紅茶が良いか聞かれる。シナモンロールなどの他に、バナナ、りんご、フルーツバスケット（Frulet korg）と呼ばれるものが、机に準備されていることもしばしばである。お茶を入れてくれたのが校長先生だったと後で知って驚いたことも懐かしい思い出である。ラフなスタイルでお茶を運んで下さり、当時私がイメージしていた校長先生とあまりにもかけ離れていた。

2017年にエップペルヴィック基礎学校（Äppelvikskolan）を訪問した時、アーネ・ランドストウム（Arne Landström）校長（当時）は昼休みのかなりの時間をFIKAに充

写真1　エップペルヴィック基礎学校の職員室と併設されたキッチン
2017年9月27日撮影

写真2　校長、教頭、フランス語／英語の教員と社会科の教員などが昼休みにお茶をしている。向かって左がランドストウム校長（当時）。右端のパーカーを着ているのが教頭（当時）。
2017年9月27日撮影

てていた。そして、その理由を以下のように説明してくれた。

「教科の先生たち、スクールナース、ガイダンスティーチャー、用務員さん、工事で来てくれている人たち、みんなとここで話をします。ここでの会話を通して、学校で起きていることを理解することがあります。解決に向けて自由に意見交換することもできます[*2]」

さらに、この学校では毎火曜日に教員のＯＢ／ＯＧもＦＩＫＡに参加していた。ＯＢ／ＯＧ、現役の先生の双方にとって有意義な時間になっているに違いない。

２０２２年に訪問したエング基礎学校（Ängskolan）３年生の教室は、ドアを開けると児童クラブの教室、ＦＩＫＡができるスペースとキッチンがあった。昼休みに担任のサハー・ノザリ（Sahar Nozari）と学校のマグカップ（写真3）に入れたコーヒーを飲みながら話をした時のことである。途中で午後の授業が開始となり、私は飲みかけのコーヒーを台所に捨てて、マグカップを洗って教室に戻った。ふと振り返ると、ノザリはマグカップを持って教室に戻り、なんとマグカップ片手に午後の授業を開始した。子どもたちも水を飲むのは当たり前、なぜかりんごを食べるのも黙認されている。私もコーヒー持参で午後の授業に参加すればよかった。日本の学校文化に縛られている私には、飲みかけのコーヒーを持って教室に戻る選択肢はなかったのである。ちなみに、授業中にりんごを食べるのはノザリのクラ

写真3　エング基礎学校のマグカップ　２０２２年11月8日撮影

＊２　戸野塚厚子（２０１８）「連載　他者と共に生きる〈共生〉のための保健教育―スウェーデンのカリキュラムから考える―第4回　教育実践を支えるもの―対話と参加―」健康教室、Vol 69、50―52頁。

スだけではない。別の学校でも何度かその光景を目にしたことがある。

（2）ゆとりと対話を！

言うまでもなく、先生たちのゆとりが子どもたちに安心感を与えるのであり、教育の質保証につながっていく。ゆとりといえば、ＯＥＣＤの『教員環境の国際比較：ＯＥＣＤ国際教員指導環境調査（ＴＡＬＩＳ）２０１８』[*3]で、日本の中学校の教員の１週間の労働時間は56・6時間と48加盟国の中で最長となっていることが注目された。一方で、２０２１年に日本教職員組合が行った調査[*4]では、日本の教員の週あたりの平均労働時間は62時間56分となっている。学校内の週労働時間は56時間37分だったが、自宅で6時間19分学校の仕事をしていたことが判明したのだ。加えて、日本の中学校の教員は、月に平均１２０時間12分の時間外勤務をしていることも明らかとなった。

２０１８年のＯＥＣＤ調査で、スウェーデンの中学校教員の週の仕事時間は42・3時間となっている。さらに、日本の中学校の先生は、課外活動（スポーツ、文化活動）に費やす時間が週7・5時間であったのに対して、スウェーデンの中学校の先生は0・4時間だった。日本のような放課後の部活はなく、それらは主として地域社会が担っていることが大きな違いとなっている。そして、ＯＥＣＤの調査では日本の中学校教員の49・1％が「生徒と過ごす時間が不足している、あるいは適切ではない」と回答しているのも注目に値する。どの国の先生よりも長く学校にいるのに、生徒と過ごす時間が不

＊3　国立教育政策研究所（２０１９）『教員環境の国際比較：ＯＥＣＤ国際教員指導環境調査（ＴＡＬＩＳ）２０１８調査報告書　学び続ける教員と校長』ぎょうせい、11―15頁。TALIS(Teaching and Learning International Survey)は２００８年（第１回）、２０１３年（第２回）、２０１８年（第３回）に調査を行っている。日本は２回目からの参加であるが、その時から中学校の教員のオーバーワークが問題になっている。２０１８年の48加盟国の中学校教員の仕事時間の平均は38・3時間である。各国の中学校教員の週の仕事時間を一部抜粋すると、ジョージア25・3時間、サウジアラビア28・7時間、イタリア30・0時間、フィンランド33時間、韓国34・0時間、フランス37・3時間、ブラジル38・5時間、ノルウェー39・9時間、ロシア42・6時間、オーストラリア44・

足していると言うのだ。このままでは、中学校の教員のなり手がいなくなっていくのではないかと心配でならない。本来学校が担うべきものを精査し、教員が授業と生徒と関わる時間に専念できるようにすること、早く帰り週末は休めるようにすることが喫緊の課題なのだ。

日本の法定労働時間は、原則1日8時間以内、週40時間を超えてはいけないことになっている。雇用者は、労働時間が6時間を超える場合には45分、8時間を超える場合には1時間の休憩を与えなければならない。スウェーデンも労働法（Arbetstidslagen）[*5]で、法定労働時間は週40時間以内、所定外労働（残業）時間は、4週間で48時間以内と決められている。

日本の教師の働きすぎ解消、ゆとりのために、学校内にFIKAのための場所と時間を設けることを提案したい。FIKAでの対話が、教師たちの心身を休め、互いの関係性を豊かにし、新たな実践創造の芽を生むと考えるからだ。そして、ホッとする時間が、働きすぎていることを気づかせてくれるだろう。

日本では、中央教育審議会3つの答申（2015・12・21）に、学校組織運営改革として「チーム学校」という言葉が明記されている。「チーム学校」をスローガンで終わらせないためにもFIKAは重要だ。お茶を飲みながら対話することを通して、教師たちの関係性が構築されていく。先生たちにも、ホッとする時間、楽しい時間、そして何より対話が必要なのだ。繰り返し強調するが、スウェーデンの教師（労働者）はランチ

8時間、上海（中国）45・3時間、シンガポール45・3時間、アメリカ46・2時間、イングランド（イギリス）45・9時間となっている。

＊4　日本教職員組合（2021）『2021年学校現場の働き方改革』より
2021年1学期の1週間を調査したものである。

＊5　スウェーデンでは1971年に法定労働時間が週40時間以内となった。1987年に移民局（The Swedish Immigration Board）が移民の人たちのために作成した『SWEDEN-a general introduction for immigrants』にも法定労働時間と残業、休憩、労働における平等について説明されている。移民の人たちが不当に働かされることがないよう配慮がなされている。

タイム以外に、午前と午後に各々20分程度のFIKAの時間がある。

　スウェーデンのコーヒー文化から生まれたFIKA、日本でも少子化の影響で空いた教室を素敵に改造して、あるいは校長室でのFIKAなど、実現の方法はありそうだ。やらない理由を探すのではなく、どうしたらできるのかを考えたい。

　最後に、筆者が訪問した学校には、教師だけでなく子どもたちにも多目的な場があった。教室以外に、子どもたちが自由に座って話をしたり、本を読んだりできる場である。その写真を紹介して、本項を閉じたい。

写真4　エップベルヴィック基礎学校の子どもたちの自由空間（校舎内の居場所）
2017年9月27日撮影

写真5　エップベルヴィック基礎学校の子どもたちの自由空間（玄関入り口近くの居場所）
2023年10月3日撮影

写真6　エング基礎学校（Ängskolan）の教室前のベンチ
2022年11月8日撮影

（３）宿題のない夏休み

２０２２年６月23日（木）のことである。リンデル佐藤良子氏が基礎学校に通う次女のフリーダと共に、私の勤務校のゼミに参加してくれた時のことである。二人は、６月14日に行われた学校の終業式後に、故郷（福島）に帰省し、日本で夏休みを過ごしていた。

「もう夏休み？　羨ましい！」と学生たちの率直な感想。

その時、ゼミ生の一人が「日本とスウェーデンの生活を比較して、（スウェーデンの方が）豊かだなと思うのはどんな時ですか？」と彼女に質問した。間髪入れずに返ってきたのが、「（スウェーデンには）時間がたっぷりあることかな、自分の時間があることが豊かだと思う」という答えだった。現在、彼女はストックホルムで働いているが、１ケ月夏休みで故郷である日本で過ごすことが可能なのだ。そして、フリーダは７月末にスウェーデンに帰国した後、学校が始まるまでたっぷり２週間の時間が残されている。共働きが基本のスウェーデンだが、このように休みがしっかりあり、日常の帰宅時間も早いので、子どもとの時間が確保できる。共働きが子どもとの対話不足の理由にはならない。

スウェーデンの基礎学校は、秋と春の２学期制。６月中旬に終業式と卒業式があり、新学期が始まる８月中旬まで夏休みとなる。夏休みの宿題は出されない。入学式、新学期が始まっていないので、クラス担任も教科担任も決まっていない。したがって、宿題を出す人がいないのだ。「宿題を気にせずに、夏を存分に楽しむ」設定となっている。

夏休みの他に、スウェーデンでは、秋休暇、クリスマス休暇、スポーツ休暇、イースター休暇、などの休みがある。登校するのが年間平均178日。日本は年間平均196―205日なので、ざっと比較してもスウェーデンの子どもの方が休みが多い。

日本は学校教育法施行規則に定める標準時数（年間）がある。（表1参照）

日本の文部科学省の学習指導要領総則には、年間35週以上にわたって行うように計画し、週当たりの授業時数が児童の負担にならないようにすることが明記されている。国に示されている授業時数を守るために、登校日数も決まってくる。

表1　日本の標準授業時数（年間）

小学校＊1単位時間45分		中学校＊1単位時間50分	
学年	時数	学年	時数
1年	850	1年	1015
2年	910	2年	1015
3年	980	3年	1015
4年	1015		
5年	1015		
6年	1015		
計　5785時数		計　3045	
4338.75時間		2537.5時間	
義務教育の年間総時数　計　8830　(6876.25時間)			

学校教育法施行規則を基に筆者作成

このこと自体は、スウェーデンも同じである。２０２２年版ラーロプランによれば、１～９年生は年間６８９０時間で、低学年と高学年を比較すると、高学年が４００時間ほど多い。表１にあるように、日本の義務教育の総時数が８８３０、時間に換算すると６８７６・25時間なので、スウェーデンの義務教育総時間方が13・75時間多いことになる。ただし、２０１９年３月29日の教育新聞は、文部科学省の悉皆調査結果で大半の公立小中学校が標準時数を上回る教育課程を編成していることを取り上げている。実態としては、日本の学校の方が授業時間が多い可能性が高い。

　文部科学省の委託調査で国立教育政策研究所の研究グループが行った『学校の授業時間に関する国際比較調査』[*6]の結果で、日本の授業時間数は少ないほうのグループに入っていた。残念ながらスウェーデンが研究調査の対象国になっていなかったため、この調査を基にした比較はできないものの、スウェーデンは日本と同じくらいか、それ以下のグループに入ることになるだろう。国立教育政策研究所の研究グループは、ＯＥＣＤの学習到達度調査（ＰＩＳＡ）及び国際教育到達度評価学会（ＩＥＡ）の国際学力調査でトップグループになっている韓国やシンガポールも授業時間の少ないグループ、小学校段階ではフィンランドや台湾も少ない地域となっていることから、授業時間数と学力に相関がないと結論づけている。

　筆者は、学生たちに夏休みの宿題は出さないようにしている。オンとオフをしっかりして、大学が始まったら再び授業に集中するのがいいと考えるからだ。与えられた課題

＊６　この調査は、渡辺良（国立教育政策研究所部長）を代表とした研究グループに文部科学省が委託したものである。H15年３月に出された報告書『学校の授業時間に関する国際比較調査』、「国立教育政策研究所広報」第139号に掲載されている。調査対象地域は、アメリカ、イギリス、フランス、ドイツ、イタリア、フィンランド、ハンガリー、中国、韓国、香港、台湾、シンガポール、インド、オーストラリアであった。

ではなく、自らの問いと向き合ったり、読書をしたり、拘束されない自由な時間を過ごすことが成長の糧、学びの基礎となるだろう。

日本の学校も夏休みの前に終業式、卒業式を行い、始業を9月にすると宿題のない夏休みが実現しやすくなる。桜咲く季節の新学期ではなくなるが。

2

森の恵みはみんなのもの――「自然享受権」

ある夏のこと。友人に誘われ、バスに揺られて知人のサマーハウスに遊びに行った。そこで、薪を割ったり、芝を刈るのを手伝って、サマーハウスでの生活を経験させてもらった。

写真7は、サマーハウスの近くの森で採った「カンタレーラ」。パスタソースにしたり、パイにしたりすることで楽しめる豊かな秋の恵みである。このキノコの森の所有者は私の知人ではない。でも、スウェーデンでは、キノコ泥棒にはならない。自然享

07

写真7　サマーハウスの近郊の森のカンタレーラ　2014年9月6日撮影

受権（Allemansrätten）というのがあって、森の恵みはみんなのもの、分かちあうものとされているからなのだ。基本的に所有者に損害を与えることなく、植物や動物を大切に（害にならないように）行動すれば、誰もが森に入っていいし、キノコやベリーを採ってもいい。自然享受権はスウェーデンに限らず、北欧に古くからある慣習法だ。野生の果物、キノコなどを土地所有者に対価を払うことなく採取することができる（果実採取権）。さらに、通行やテントでの宿泊（滞在権）認められている。

草の間から、黄色い頭を覗かせているカンタレーラを探していると、だんだんとそれが見える目になっていくようで、採るのも面白くなる。あっという間に1時間が過ぎてしまうのだが、ほどほどにして次の人の分を残すことも忘れないようにしなければならない。

庭で、友人たちと話をしながら収穫したカンタレーラについた土をハケで落とすのも楽しい時間だった。そして、サマーハウスに滞在中、雨もありがたいものであることに気づかされた。雨が降ることで、森の恵みは豊かになるのだから。

基礎学校低学年の学習材には、野生動物の足跡（フィールドサイン）や森の恵みを採りすぎてはいけないこと、食べられるキノコと食べられないキノコのことを学べるようになっている。入手した学習材には、森からの食べもの、送粉者であるみつばちについてのページもあり、自然の恵みの享受と共生の学びが展開している。理科が「オリエンテーション理科（NO）」という教科名になっているのも、暮らしや生きることの道先案内の役割を果たす教科であることを明示的にしている。

収穫したキノコのメニューでランチを食べ、月が輝く静かな夜、再び収穫したキノコやベリーをワインとともにいただき、語り合い、笑った。その日は、ベッドに横になった瞬間に眠りについた。目が覚めた時の清々しさと前日の楽しかった時間は、私の心と体の記憶として刻まれている。

2020年夏、パンデミックでスウェーデンでの研究調査が叶わなくなり、ストッ

写真8　キノコの掲示物（基礎学校3年生の教室）2022年11月9日撮影

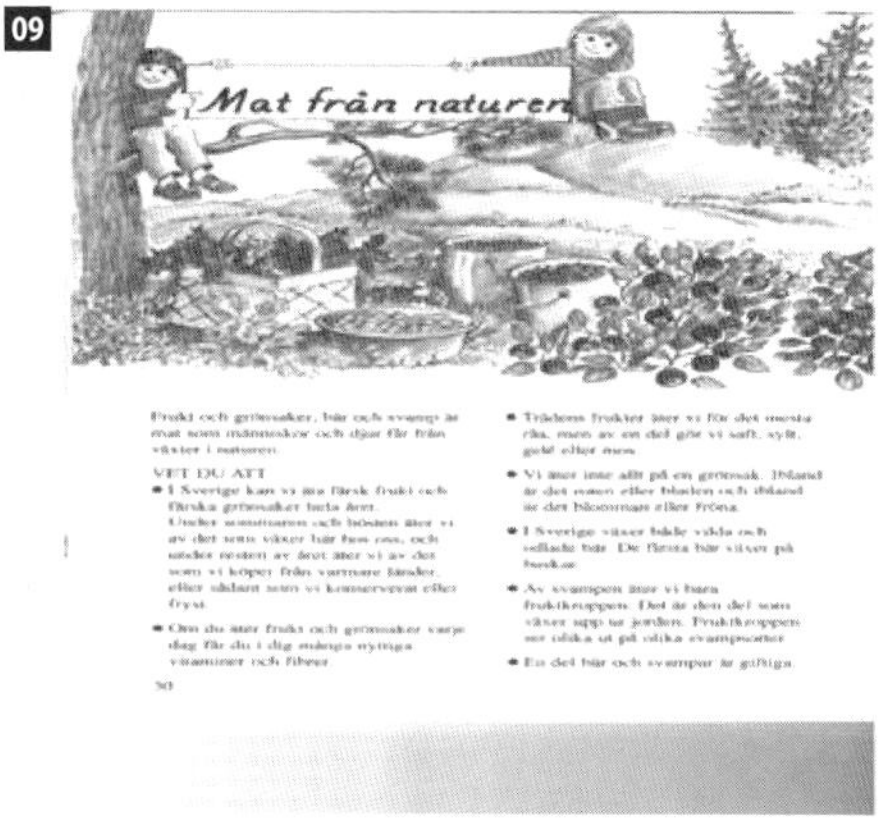

写真9　『森からの食べもの』『Här hos oss2』（ここでわたしたちといっしょに）（低学年用）自然からの食べものが取り上げられている。Hyden Görel（1992）.*Här hos oss2*, Bonniers,s.30

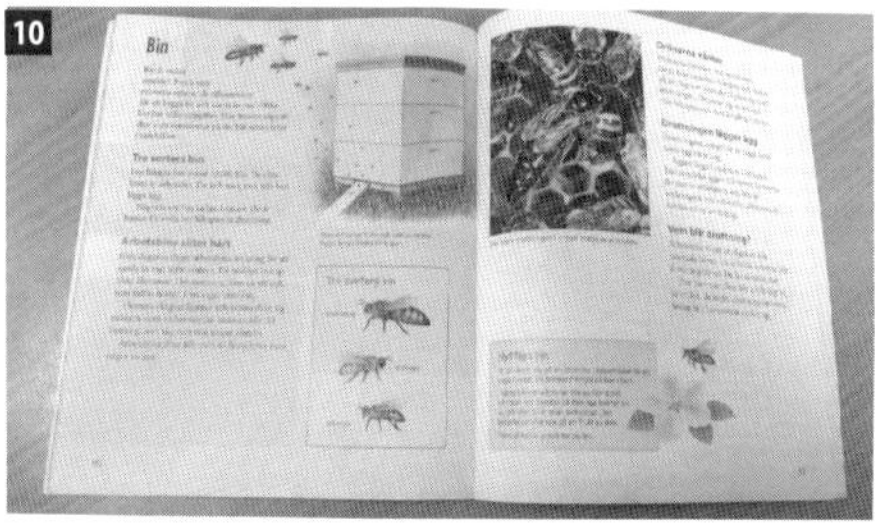

写真10　低学年用NO（オリエンテーション理科）の学習材Enwall, Lennart, Johansson, Brigitta, Skiöld, Gitten（2011）. Plus NO-boken, Natur och Kultul

写真11　サマーハウスのランチ（カンタレーラのパイとサラダ）
２０１４年９月６日撮影

写真12　サマーハウス
２０１４年９月６日撮影

写真13　サマーハウスのりんごの木
お土産にいただいたりんご。そのまま食べるもよし、ジャムにするもよし。
２０１４年９月６日撮影

クホルム在住の研究協力者・大橋紀子氏に代理で子どものコロナ禍の生活について聞き取りをしてもらった。

その時に小学生（当時）のハンネス（Hannes）は「ファルファル（Farfar, 父方の祖父の総称）は70＋（70歳＋α）なので、（街で）買い物をあまりしていない。ファルファルはサマーハウスに行っていて、今は会うことができない」と語った。ストックホルム市街で買い物ができない不便さはあるかもしれないが、サマーハウスの生活は、同じステイホームでも豊かに響く。自然の中で、毎日が夏休みのようにゆったり過ごせるのだから。

3

サウナから考える――身体、まなざし、人のつながり

スウェーデンでは、金曜日の午後から夕刻に近づくと、週末のレジャー、休息モードになっていく。金曜日の午後に長々と聞き取り調査をするのは野暮なのだと気づくのに時間はかからなかった。

ある週末に友人とそのパートナー、そして彼の父親にヨットに乗せてもらった。彼の父親をキャプテンと呼ばせてもらっていたので、ここでもキャプテンと呼ぶことにする。ヨットは共同で所有しているものだと聞いた。

1泊2日のヨットの旅、島に着くと市が運営しているサウナ小屋があった。そのサウナを当日キャプテンが予約してくれたのだが、予約時間を我々だけの使用にするか、それとも他の人が入って来てもいいことにするか選択できるらしい。キャプテンから事後

報告で、後者にしたことを聞かされた。

私は、北海道という雪が降る寒い地域で生まれたこともあり、サウナで温まることが習慣化されている。

「本場のサウナに入りたい」という夢がついに叶ったのだ。ただ、まさか友人とその彼、キャプテン、そして場合によっては知らない誰かとサウナ小屋で時間を過ごすことになるとは、思ってもいなかった。

私は、バスタオルで身体を隠して、サウナに入って行ったのだが誰もそんなことはしていない。他者の身体をジロジロ見たり、気にしたりしていない様子である。見られないようにと隠している自分が自意識過剰に思えて、そのことのほうが恥ずかしくなりタオルを外したのだった。

途中からフランス語が母語のカップルも仲間に入り、サウナで温まったら湖で泳ぎ、そして最後に生まれたままの姿で肩を組んで記念写真を撮った。

裸で肩を組んだ家族写真は、スウェーデンの学習材でも見たことがあった。「(学習材の)あの写真と同じだ」と喜んだのを覚えている。なにより友人家族に仲間入りをさせてもらったことが嬉しかったのだ。

以前、四肢に障害がある日本の方が「スウェーデンにいると楽」と言っていたのだが、わかるような気がした。誰もジロジロ見たりしないし、眼差しが違う、ありのままの身体が受け入れられるような空気があるのだ。

身体観が豊かなのだと思う。そして、「私は私、あなたはあなた、みんな違う」、「あなたがあなたでいられるように」という考えが根付いている証しなのだ。

「カリキュラムの成果は社会で試され、還元される」[*7]

子どもたちが低学年から繰り返し学んでいる「共生」のカリキュラム。そのスカンジナビアンデモクラシーと平等政策を土台にしたカリキュラムの成果が、社会の空気を創っていく。

帰国後、私が驚いたのは、キャプテンからPCメールで送られてきたサウナの写真。みんなで肩を組んで撮ったあの時の写真である。まさかこんな形で送られてくるとは思ってもいなかった。スウェーデンの空の下、あの環境では何も恥ずかしくなかったのに、日本に帰ってから見ると恥ずかしい、浦島太郎が玉手箱を開けた瞬間のような感じとでも言おうか。

その後、ヨットの旅に誘ってくれた友人カップルは別々の道を歩くことになった。私は彼女の友人なので、彼の父親であるキャプテンとは会えなくなるのだと思い込んでいた。しかし、それは大きな間違いだった。彼女と彼は別れたけれど、彼女とキャプテンが別れたわけではない、友人として行き来していると告げられたのである。

「なるほど、そうか」ここでも日本の物差しから私は自由になりきれていないことを自覚した。

そして、キャプテンが亡くなるまで、ストックホルムを訪ねる度に、休日のランチや

＊7　戸野塚厚子（2014）『スウェーデンの義務教育における共生のカリキュラム――"Samlevnad"の理念と展開』明石書店、242頁。

キャプテンの家のサウナに入れてもらうなど、楽しい時をご一緒させていただいた。
キャプテンは90歳を過ぎてもヨットに乗り、亡くなる1ケ月前にも親戚の女の子とヨットの旅をしたそうだ。その大往生に、お葬式はクリスマスのように賑やかだったと、後日伝えられた。

「森に生まれ、森と共に生き、森に還る」

そういえば、キャプテンが亡くなる数年前に、彼のパートナー（夫人）が眠る森に連れて行ってもらったことがあった。キャプテンもその近くに散骨されて、森に眠っているのだと思うと、なぜか安らかな気持ちになる。

4

スウェーデンのお盆
「アールヘルゴナヘリエン」(Allhelgonahelgen)

11月になると、日本で言うところのお盆「アールヘルゴナヘリエン」がある。「アールヘルゴナヘリエン」は、10月31日―11月6日の間に来る最初の土曜日の「諸聖人の日」(Alla helgons dag)と翌日日曜日の「死者の日」(Alla själars dag)を合わせた休日のことである。私もこれまで何度かお墓参りに同行した。キャプテンに連れて行ってもらったお墓に加えて、友人の知り合いが眠るお墓、友人の若くして亡くなった息子さんが散骨された墓地などに行った。

写真14は、エリック・グンナール・アスプルンド(Erik Gunnar Asplund, 1885-1940)とシーグルド・レヴェレンツ(Srigudn Lewerntz,1885-1975)が設計した森の教会、森の墓地(Skogskyrkogården)。ストックホルム市郊外にある共同墓地で、世界遺産に選ばれた。アス

プルンドはアルヴァ・アアルト（Alvar Aalto,1898-1976）やアルネ・ヤコブセン（Arne Jacobsen,1902-1971）などと並んで、20世紀の北欧の建築家に影響を与えた建築家である。アスプルンド設計の森の教会と墓地は、建築家はもとより、多くの人が見学に訪れる観光スポットの一つとなっている。

スウェーデンのお盆。地下鉄を降りるとコーヒーのサービスがあった。コーヒーを飲みながら、友人とお墓まで歩く。お花を供え、ロウソクに火をつけてあとはゆっくり散歩をしながら、地下鉄の駅に戻った。日本のお墓は、時として幽霊やお化けが活躍する舞台として描かれ、特に夜は怖いイメージがあるが、スウェーデンのお墓参りはピクニックのような楽しい行事であった。

写真14　森の教会に向かう人々
2022年11月5日撮影

写真15　キャプテンのパートナー（夫人）が眠る場所
森に散骨することを選択したのだけれど、このあたりというのがわかるように石を置いたとキャプテンは話してくれた。ちなみに、キャプテンにお金がないから石になっているのではない。昔からの大きなお墓もあるが、お墓はコミューン（地方自治体）が管理している。時が経って家族の墓参りも途絶えると、次の人に場所を譲るそうだ。
2011年10月撮影

コラム４

10月４日はシナモンロールの日

ＦＩＫＡの時のフルーツバスケットやパン、特にシナモンロールがあると最高に幸せだ。シナモンロールは、シナモンと粗挽きのカルダモンの絶妙な相性が抜群で、スウェーデンにいるという気持ちになる食べ物の一つ。

シナモンロールはスウェーデン語で「カネルブッレ」（Kanelbulle）。その発祥の地は、スウェーデンである。第一次世界大戦後の暮らしが厳しい時に、手に入りやすかった食材を工夫して作られたのが「カネルブッレ」だそうだ。

10月４日はカネルブッレの日（Kanelbullens dag）。ホームベーカリー協会（Hembankningsrådet）が創立40周年を記念して１９９９年に、10月４日をシナモンロールの日としたのが始まりだ。毎年、10月４日が近づくと、街のベーカリーは、「カネルブッレ〇個で〇〇ＳＥＫ（スウェーデンクローナ）」と書いた看板を出して、その日をアピールする。

２０２３年は９月末からストックホルムに滞在していたので、シナモンロールの日を経験することができた。それまでも、ＦＩＫＡの時にシナモンロールを食べていたのだが、帰国する時に、空港で食べたシナモンロールの味を忘れることができない。友人が、朝早い飛行機に乗る私に「空港で食べて」と渡してくれたものだ。

空港で一息ついた時に、そのシナモンロールを食べながら、スウェーデンでの調査に協力してくださった方々、数日間いっしょに過ごした子どもたちのことを思い出していた。少し時間が経っていたので、砂糖が溶けていたが、心がこもった最高のシナモンロールだった。

2022年11月7日撮影

コラム5

秋を彩る「ストックホルム国際映画祭」

ゆとりと文化に関わってのエピソードを紹介する。

ストックホルムでは、毎年11月に国際映画祭が開催される。1990年に始まったもので、今では12日間で150本以上の映画が上映される。11月になるとストックホルムにいる友人から、映画鑑賞の感想が書かれたメールが届く。

以前、私も映画祭の季節に、ストックホルムに滞在していたことがある。友人から日本の映画が出品されているからいっしょに行こうと誘われた。その時点で、日本では未公開の作品だった。

街中の大きな映画館だったが、レトロな緞帳（どんちょう）が上がるとマイクを持ったスタッフが登場。上映中の注意事項が伝えられた。日本の映画館では、予告上映後に映像で説明される内容のものだ。平日の午後だったが、サラリーマン風の人たちも結構来ていた。

映画が終わった後に、「日本の方ですか？」と声をかけられた。映画の感想、その映画で描かれていた日本での韓国の人たちへの差別について質問を受けることになったのだ。そこに偶然居合わせた人たちで、映画の感想を言い合ったのだが、ゆったりとした空気の中で、皆、他者の意見に耳を傾けていた。

私は、帰国後その映画を同僚と再度鑑賞した。その大きな映画館にいたのは、私と同僚だけだった。映画館に足を運ばなくても家でも映画を観ることができるようになったからだろう。それはスウェーデンも同様だけれど、それでも11月になると映画館に通い、たくさんの映画を観て、意見交換をする人たちがいる。映画や芸術に対する理解の違いなのかもしれない。そして、何より、映画を見る余裕、時間があるのだ。

街の広場に設置された国際映画祭の宣伝板
2022年11月4日撮影

コラム6

死とさびしさ

小学校低学年用のオリエンテーションの学習材に「死とさびしさ」[*8]というページがある。

「知っている人が亡くなったら、あなたは胃にぽっかり穴ができたように感じます。まるで胃の中に「くぼち」ができたみたいに。

悲しみを一緒に分かちあう人がいて話し合えるということは何と気持ちが楽なことでしょう。

すでに死んでしまった人、おばあちゃん、友だち、ペットなどと過ごした思い出は絶対になくなりません」

森の墓地　2022年11月5日撮影

そして、「考えてみよう」のところには以下の3点が挙げられていた。

（1）人生とは？

（2）生きていないものをなくした時はどう思いますか？

（3）「死も人生の一部」とはどういう意味ですか？

この哲学的な問いに小学校低学年（1～3年生）が向き合うのだから、「すごい！」としか言いようがない。「死は人生の一部かあ」私は、小さい時から死が怖かったし、死を避けたいと思ってきたが、「死」を受け入れられるような気がした。

＊8　戸野塚厚子・山梨八重子（2001）『スウェーデンの健康教育　共生する社会を創る学び』学事出版、48頁。これはGörel Hydénなどが作成した『Här hos oss』Bonniers社の本の中から「健康」「共生」に関わる内容を取り出して訳したものである。

第4章

休み時間／放課後、学習環境

1 休み時間／放課後

(1) 休み時間

「もう休憩？」

スウェーデンの基礎学校に行くといつも思う、率直な感想だ。エング基礎学校の1年生は、8時10分くらいから教室に入って自習をし、その後、教師と子どもたち全員でその日の時間割を確認していた。1時限目が始まり40分程度の授業が行われたのだが、それが終わると30分の休み時間。全員が外に出て遊ぶ。担任が一緒に外に出ることもあるが、外には補助の教師がいるので、次の授業の準備をしたり、お茶をしてひと息ついたり、自由な時間を過ごすことができる。

「私も休まないとみんなと授業ができないでしょう？」と担任が子どもに話していた

のを思い出す。

休み時間は、いつも子どもたちの元気な声が校庭に鳴り響いている。ある時、一人の子どもの泣き叫ぶ声が聞こえた。担任はその声ですぐに誰かわかったらしく、飛んで行った。特別なニーズのある子どもだった。近くにいた教師も駆けつけて、その子の気持ちを受け止めていた。担任によれば、いっしょに遊んでいた子から突然拒絶されたと泣いて訴えたそうだ。

昼休みもランチタイムと合わせて75分程度の時間が確保されている。子どもも教師も頑張りすぎない、これが持続可能な学校生活の基盤となっているのだろう。学校だけではなく、全労働者の休憩が大切にされている。ゆったりしていて、余裕がある。日曜日の夕方、「明日からまた始まるなあ」と憂鬱になることも少ないのではないだろうか。

訪問した学校では低学年（1～3年生）からランチタイムに入り、中学年がその次と時差でランチと休憩が進行していた。スウェーデンの学校の休み時間は校庭や教室の外に出るのが基本となっている。外の新鮮な空気を吸って遊ぶことが、子どもの心身の健康のために必要だからである。ボールで遊んだり、サッカーをしたり、様々な身体活動を行っている。

2022年版ラーロプランは、身体活動について以下のように定めている。

「特に低学年では、遊びが知識の習得をする上で極めて重要であること、学校は、全ての子どもに身体活動を提供するよう努めなければならない」*1

当然のことながら、友だちと積極的に遊ぶ子ばかりではない。壁に寄りかかって遠くを見ている子、様々な過ごし方が容認されている。私は、スウェーデンの学校で、大人が「みんなで」とか「輪に入ろう」という働きかけをしているのを見たことがない。

写真2の高学年が通う学校では、子どもたちが立ち話をしている。車椅子の子どもも自然に輪に入っている。スウェーデンでは当たり前の光景なので、このように記していること自体、スウェーデンでは不思議に思われそうだ。大きな輪には入らずに壁に寄りかかって見ている子ども。この風景と重なるような記述をスウェーデン語（国語）の低学年用学習材に見つけた。おそらく、どの学校でも見かける一般的な光景なのだろう。

＊1　Skolverket (2022). *Läroplan för grundskolan, förskoleklassen, fritidshemmet 2022*, s.4

写真1　基礎学校低・中学年（小学校段階）の子どもの休憩時間の様子　2013年10月18日撮影

写真2　基礎学校高学年（中学校）の休み時間　2012年9月12日撮影

（２）放課後

スウェーデンの学校には、フリーティス（Fritids, 自由な時間）、フリーティスヘム（Fritidshem, 自由時間の家）という放課後に子どもが利用できる場がある。学校開始前の利用も可能だ。日本で言うところの「放課後児童クラブ」である。共働きが前提のスウェーデンにおいては、必須の制度だ。

・小学生全員が利用できるフリーティスヘム（自由時間の家）

基礎学校に通う１～６年生までの子どもは全員、フリーティスヘムを利用することができる。

エング基礎学校でフリーティス教師（Fritids Lärare）[*2]として働くゴレスターンは次のように説明した。

「７時30分にフリーティスヘムがオープンし、学校が始まる８時10分まで低学年（１～３年）の子どもを預かります。家庭の事情で早く登校しなければならない低学年の子は、プレスクールのスペースで、６時30分から預かります。その場合には、朝食も提供しています。放課後のフリーティスヘムは17時に終了しますが、低学年は18時までプレスクールのスペースにいることができます。４～６年生は、放課後のみフリーティスヘムを利用することができます。祭日や夏休みなどの長期休み

＊２　２０１７年に学校庁（Skolverket）は、担当資格をフリーティスペタゴーグ（Fridids petagog）からフリーティスラーラレ（Fritid lärare）へと名称を変更した。Lärare（教師）とすることで、教師であることを明確にしたのである。フリーティスラーラレの資格取得のための単位数も見直して質の向上を目指している。教員資格があればフリーティスを担当できるが、資格によって給与も異なる。

もフリーティスヘムは、オープンしています」*3

利用料は最高額を支払う場合で1500SEK／月（1SEK：1スウェーデンクローナ13円として19500円）となっていて、収入によって異なる。保護者はアプリで1週間の利用時間帯を登録する。子どもは毎朝、教室の前にある用紙に今日の利用時間を記入する。ゴレスターンは、親と子どもの申告を突き合わせるのが朝の仕事だそうだ。前述したように、低学年の子どもたちは、朝の学校開始前と放課後の利用が可能である。授業後はおやつを食べ、その後チェスをしたり、教室にある卓球台で遊んだりする。1週間に1度、先生が宿題を手伝う時間（Mentorstid）もある。

フリーティスの目標は、安全であることが第一で、①好きなことをする、②友だちとの人間関係を大切にする、③基本的生活習慣を大切にすることだと、ゴレスターンは説明した。

訪問したエング基礎学校の場合、フルタイム、パートタイムと雇用形態は多様であるものの、50人のフリーティス教師が働いている。2022年に見学した3年Aクラスのフリーティスの先生の一人は、教師になるため、大学に通いながらパートタイムで働いていた。1～6年生まで各学年4クラス（計24クラス）の学校規模に50人のフリーティス教師。それでも担任教師が「もっと人手が欲しい」と言っていた。

フリーティス教師は、臨機応変に担当クラスの授業に入る。休み時間も一緒に遊び、

＊3　2022年11月2日にエング基礎学校においてゴレスターンに実施した聞き取り調査記録より。ゴレスターンについては前掲34頁を参照されたい。

ランチも一緒に食べる。自然な形で放課後のフリーティスへと移動していく。見学した3年生のクラスでは、授業開始前、子どもたちはフリーティス教師と教室が開くのを待っていた。担任は大きなバッグを持って直接教室に出勤してきて、教室の鍵を開けた。そして、8時10分にフリーティス教師が補助に加わっての授業が始まった。これまで見学したクラスのほとんどが、担任＋1～2名の体制で授業が展開されていた。

写真4は、スウェーデンのフリーティスの家、児童クラブのスペースである。ソファがあって家にいるような空間になっている。全員でおやつを食べた後は、本を読んだり友だちと遊んだりして過ごす。

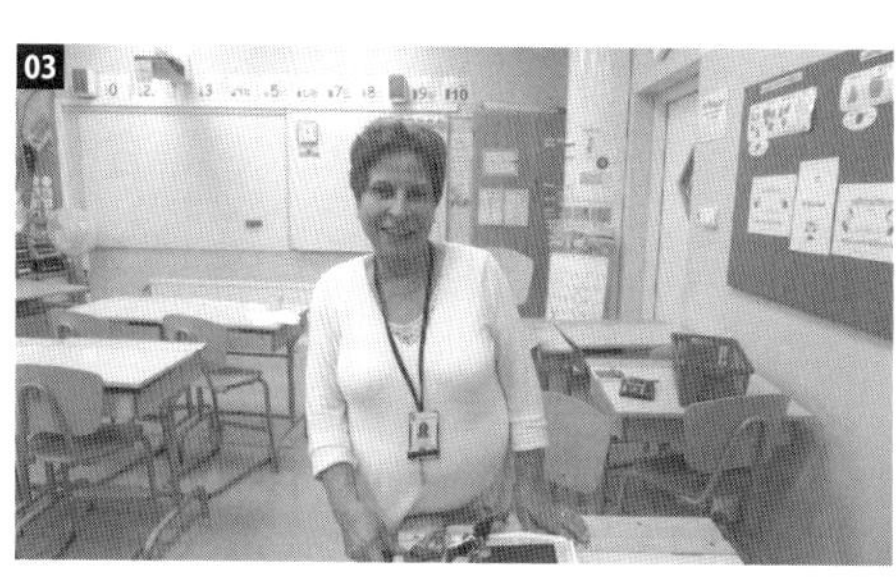

写真3　フリーティス教師のゴレスターン　2022年11月2日撮影

写真4　フリーティスの家（Fridishem）　2022年11月2日撮影

2 学習環境

(1) 机

1990年代からスウェーデンの基礎学校に通っているが、未だ新校舎に出会った経験はない。多くの学校建築は歴史があって、それはどこもゆったりと落ち着く空間になっている。教室に入って、まずは机に目がいった。

「これなら、机の上のものを落とさない」

子どもの頃、机の上の教科書や資料を床に落とすことが多かった筆者が、真っ先に思ったことだ。教室の広さ、子どもの数も関係しているのだろうが、どの学校も子どもに与えられている机が日本の机よりも大きめである。そればかりではない。机の高さが一人ひとり、微妙に違っているクラスもあった。体の大きさに合わせているのだ。

05

06-❶

06-❷

写真5は、中学校段階の教室である。机は大きめで、前後左右の間隔がゆったりしていることがわかる。一斉指導と個別学習がセットになった授業で、教師は一人ひとりに向き合っていた。

教室もその教師が自由に作っていて個性的である。学校だけではない。オフィス空間もとても素敵だと思う（写真6）。どこを訪問してもそのゆとりとセンス溢れる空間づくりにため息がでる。予算の範囲内であれば自由に椅子や机を選択できるのだ。

写真5　基礎学校高学年（中学校）の授業風景
2017年9月27日撮影

写真6　スウェーデンの性教育協会（RFSU）のオフィス
①ミーティングルーム
②キッチン（FIKAのフルーツも置かれている）

そして、訪ねた先の人たちは皆、「健康的に気持ちよく学び、働くことは、国にとってもよいでしょう」と異口同音に言うのである。

(2) トイレ

・ジェンダーニュートラルトイレ

写真7は、勤務校の「みんなのトイレ」のサイン。

このトイレは、2023年時点で大学構内に8ケ所存在している。多くの学校がそうであるように、我が校も男女に分かれたトイレを設計してきた。今回、それらに加えて多様性を考慮したトイレを作ることになり、男女別トイレとの差別化と周知のためにサインが必要になったのだ。この個室トイレ、実は学生だけでなく、教職員にも歓迎されている。個室なので、周囲を気にすることなく利用できるのがその主たる理由だ。

いつか日本も男女に分けず、ゆったりした個室のトイレが基本になっていけば、「みんなのトイレ」のサインも不要になっていくだろう。

写真7　宮城学院女子大学のみんなのトイレ
2023年12月16日撮影

スウェーデンは、日本よりも早くジェンダーニュートラルトイレ化を実現している。

写真8と9は、エング基礎学校3年Aクラスの教室（24人クラス）の横にあるトイレ

だ。もちろん、そのトイレは男女に分かれていない。トイレの横には、外で遊んで濡れたヤッカや靴のための乾燥室もある。

先述のフリーティス教師ゴレスターンは、最初の頃は「男子はトイレの使い方が汚いから嫌だ」「女子の方が汚い」というような子どものやりとりがあったと教えてくれた。

3年Aクラス用のトイレは2部屋。足りるのかなと思ったが心配無用であった。子どもたちは、主として休み時間にトイレを利用しているものの、授業中であっても自由にトイレに行くので、休憩時間に集中している様子はなかった。トイレは行きたい時に行く、我慢はしないので、お漏らしもしない。

写真10は、RFSUのトイレ。「TOALETT UTAN RÄCKEN」（手すりなしトイレ）と書かれている。隣には手すりあり、車椅子対応、子どものケア（オムツ交換、授乳）サ

写真8　小学校低学年のジェンダーニュートラルトイレの扉
2022年11月22日撮影

写真9　小学校低学年のジェンダーニュートラルトイレ
2022年11月2日撮影

イントイレが並んでいた。

そういえば、2019年11月に訪問した際に、北欧最大の老舗デパートNKの歴史あるトイレがジェンダーニュートラルトイレになっていた。それは企業コンセプトに関わるメッセージでもある。

スウェーデンで、ジェンダーニュートラルトイレが浸透し始めたのは、2015年。当時は反対する声もあったという。

・ジェンダーニュートラルトイレが浸透するまで
——ルレオ（Luleå）市の決定と市民の声[*4]

2016年10月11日のスウェーデンテレビは、スウェーデン北部のルレオ市が市議会でジェンダーニュートラルトイレ事業を決定したこと、そしてそのことに対する市民の声を紹介した。年配の男性は「自治体は裕福でない老人にもっとお金をかけるべき」、またある老夫婦は「男女共通のトイレだと男性が女性のお尻を触るかもしれないし、ルレオの共同トイレでレイプされるかも

写真10　RFSUのジェンダーニュートラルトイレ　2019年12月4日撮影

＊4　SVT Nyheter (2016). Könseutrala toaletter i Luleå

しれない」と発言していた。それに対して学生（女性）が「なぜ、大騒ぎする必要があるの。大騒ぎするほどのことではないでしょう。全く理解できない。私たちの学校はすでにジェンダーニュートラルトイレで全く問題は起きていないわ」と答えていた。

同時期のエピソードとして、ピッツェリアのオーナーの信念と対応（粋な計らい）を紹介したい。

・「私たちにはたくさんの友だちがいる」
――批判の声を沈黙させたピッツェリアのメッセージ

２０１６年1月14日のスウェーデンの夕刊紙『EXPRESSEN』である記事が取り上げられた[*5]。ピッツェリアが、ジェンダーニュートラルトイレに切り替えたことで、利用者から批判の声が届いたというもの。「その時にピッツェリアオーナーがトイレの中に貼ったメッセージが批判を沈黙させた」と新聞は紹介している。以下がそのメッセージである。

> 私たちはユニセックスのトイレを作りました。なぜなら、性別のトイレだと時々、色々なひとたちに気まずい思いをさせることがあったからです。私たちには、たくさんの友だちがいるので、次のような友だちのために、場所を提供したいと思いました。

＊5　夕刊は、ストックホルム在住の研究協力者である大橋紀子氏が、訳して送ってくれた。

・シングルファーザーとその娘
・シングルマザーとその息子
・障害のある子どもとその親
・身体的または精神的な障害のある親がいる大人
・HBTQ*6の人たち

夕刊『EXPRESSEN』の記事「ピッツエリアはユニセックストイレで批判された」

そして、紙面では、このメッセージを見て泣き出した女性がいたことも紹介されていた。

その女性は障害のある息子の母親で、オーナーに次のように言ったと記されている。

「全ての人に安全な環境を提供してくれたこと、そして私たち親子を助けてくれてありがとう」

「私たちにはたくさんの〝多様な〟友だちがいる」ことを心に留めたいと思う。

＊6　スウェーデンでLGBTQはHBTQ、LGBTはHBTと表記される。レズビアンとホモセクシュアル（ゲイ）は、スウェーデン語では分かれておらずHomo（ホモ）であるためその頭文字で「H」となっている。

・ルレオ市の社会民主労働党公式メッセージ（２０１９年10月８日）

次の資料は、２０１６年にジェンダーニュートラルトイレ事業を決定したルレオ市。３年後の２０１９年にルレオの社会民主労働党（Socialdemokraterna Luleå）のＨＢＴ（ＬＧＢＴ）担当委員長レナ・エデンブリンク（Lena Edenbrink）のジェンダーニュートラルトイレに関する公式メッセージ[＊7]である。

【資料】社会民主労働党公式メッセージ

例えば、あなたがレストラン、映画館、飛行機または公共の場所で男性トイレ、女性トイレのどちらを利用するかを迷ったことがありますか？　この質問は、あなたにとっては奇妙、または馬鹿げた質問であり、全ての人はどのトイレを使用するかわかっているだろうと答えるかもしれません。

トランスジェンダーの人たちにとって、トイレの選択はあまり明白ではありません。トランスジェンダーの人がした選択は、周囲の人からは間違った選択だと思われることもあり、そのことによって苦い顔をされたり、暴力に遭遇する人もいます。

性自認が女性のトランスジェンダーの人は、「女性」の表記のトイレに行きます。彼女は、女性であり、女性として扱われることを望んでいるからです。その選択を疑問視することは、彼女にとっては苦痛であり、取り返しのつかない傷跡を残すことにもなります。

＊7　Lena Edenbrink (2019). Vilken toalett väljer du? Socialdemokraterna Luleå HP

ここで言うジェンダーニュートラルは、誰もが心地よく過ごせるような環境を作るための一つの考え方である。ジェンダーニュートラルは、性差を超えて多様性を受容しあらゆる人が自分らしく生きられる社会を目指す、すなわちボーダーフリーの概念である。ユニバーサルデザインのように、障害者にとっての最善を考えたデザインが、結果、全ての人にとってよいデザインとなることを意図しているのと共通している。

しばしば、ユニセックストイレという言葉が使われるが、ユニセックスは男女の区別がない、uni（ユニ、一つ）という意味であり、男女の区別なく（誰でも）使用できる概念として使われる。男女の性差のみならず、あらゆる区別から自由になろうとするジェンダートランスであることがアイデンティティの若者は、さらに深刻です。トイレの選択によって、深刻な心理的な結果をもたらすほか、学校のトイレに一日中行かないことを選択するなど、明らかに身体にとって良くないことを強いられているトランスジェンダーの若者もいるからです。これは、心の痛みに加えて明らかに身体にとっても良くないことです。

体操やスポーツの授業をパスするトランスジェンダーの若者もいます。彼らは、周囲の眼差しや、笑い声、冷やかしのために仲間とシャワーを浴びることができません。これらの若者の多くはいじめや排除の経験を語っていますが、結果として学業が低下することはめったにありません。そして、ありがたいことにこの問題には解決策があります。単純なものと少し複雑なものの両方です。

全てのトイレをジェンダーニュートラルにするのは、とても簡単です。「女性」と「男性」のシートを剥がして、その代わりに「WC」または「トイレ」とすることは、世界中で最も簡単にできることです。学校の体育館やスポーツ施設に施錠可能な独立したシャワーエリアを建設することはそれほど簡単ではありませんが、新たに建設するのは当然のことです。

ここルレオでは、現在ヘルツオンに新しいプールを作ることが議論されています。このことは、社会民主労働党がこの問題を真剣に受け止めていることを実際の行動で示す素晴らしい機会と捉えています。

ニュートラルとはニュアンスが異なっている。

侮辱されたり、嘲笑されたり、笑われたりする危険を冒さずに、トイレやシャワーを利用することができるようにすることは当然のことでしょう。

当時、社会民主労働党は第1党[*8]であったが、上述のメッセージを読んでスウェーデンもトランスジェンダーの人たちが性自認に従って生きられるよう、その尊厳を守るための環境整備のプロセスにあることがわかる。

そういえば、アメリカのドキュメンタリー映画『最も危険な年』を2度観た。２０１６年にワシントンでは、トランスジェンダーのトイレ使用を制限することが議論されていたのだ。このドキュメンタリー映画では、トイレ使用制限をしようとする流れに危機感を持つ市民、そして親たちの戦いの姿、具体的にはトランスジェンダーの子を守る親たちが自分たちの経験を語り、性的マイノリティへの嫌悪と戦う姿が映し出されていた。その中で、当事者である子どもたちも発言していた。さらに、２０１７年にオレゴンのダラス学区では、トランスジェンダーの生徒が自らの性自認に基づいてトイレを利用することに反対する親たちが訴訟を起こした。２０２０年12月7日に、アメリカ連邦最高裁は、性自認に基づいてトイレを利用することを反対する親たちの訴えを棄却し、性自認に基づいてトイレを使用する権利を支持したのだ。

２０１９年に日本の経産省で働くトランスジェンダーの女性職員が起こしたトイレ利用制限の裁判で、その女性職員が勝訴したことも、記憶に新しいことではないだろう

＊8　スウェーデンで2022年9月に行われた選挙で中道左派政権が中道右派に僅差でやぶれた。10月17日の議会で、中道右派・穏健党のウルフ・クリステション（Ulf Kristersson）氏が新たな党首となった。中道左派から8年ぶりの交代となった。ただし、ストックホルム市議会は社会民主労働党が政権をとった。

か。

ジェンダーニュートラルの必要性は多くの場合、トランスジェンダーの人たちに焦点化して議論されているが、先のスウェーデンのピッツェリアのオーナーのメッセージは、もっと広く男女の区分けで生じる不便さに目を向けている。このことは、トランスジェンダーの人たちだけではなく、ジェンダーニュートラルな環境は多くの人の不都合を解消し、心地よさを保障していくことを示唆している。先の泣きながらピッツェリアのオーナーにお礼を言った女性のように、不便を感じながらも言えずにいる人たちがいることを忘れてはいけない。

一人ひとりの性自認にしたがってどちらのトイレを使用するのか、当事者の自己決定を尊重するのは当たり前のことだが、それを実現するためには周囲の理解が必要である。そして、その理解のために、学校が果たす役割があると考えている。

全てのトイレがジェンダーニュートラルになったら、「(トイレについては) 性自認、自己決定の尊重!」と叫ぶ必要もなくなる。

考えてみたら、家のトイレは男女には分かれていない、言うまでもなくジェンダーニュートラルトイレだ。飛行機のトイレや小さな飲食店のトイレも同様である。要は、それらと同じように考えれば良いだけのことなのだが。

ジェンダーニュートラルな環境で育った子どもが大人になっていけば、それが普通になっていくのだろう。その意味で、学校環境も隠れたカリキュラムなのだ。

コラム7

スウェーデンの学校に部活動はない

スウェーデンの学校には部活動はない。つまり、教師が放課後残って部活動の指導をしたり、休日に試合の引率をしたりすることはないのだ。スウェーデンでは、部活動だけでなく休日に学校行事が行われることもない。

部活の代わりに、子どもたちは地域のサークル活動に参加することができる。サッカーをはじめとする運動系のサークルから手芸のような文化系サークルまであり、複数のサークルに所属することが可能である。地域のサークルなので、学校を卒業してもサークルに参加し続けることができる。学校とは別の世界を持つことになる。

ところで、日本の教師の働き過ぎの要因の一つとして部活指導が挙げられている。文部科学省は、2017年に部活指導員の登用を制度化した。文部科学省の説明によれば、「部活指導員は、部活動の顧問として技術的な指導を行うとともに、担当教諭とともに日常的に指導内容や生徒の様子、事故が発生した場合の対応などについて情報交換を行うなどの連携を十分に図る」[*9]となっている。

運動部を指導する保体教師や合唱や吹奏楽を担当する音楽教師、美術部を担当する美術教師のように専門家が担当する部活もあれば、素人と言ってよい教師が担当している部活動もある。部活指導員の配置で、その問題はクリアできそうだ。ただ、部活指導員を採用したとしても、担当教員の配置は必須である。部活指導員を採用することで、教員の仕事量は軽減されるのだろうが、教員の手を離れるわけではない。部活の機能を地域に移すことは難しいのだろうか？

＊9　文部科学省（2017）「部活動指導員の制度化について」https://www.mext.go.jp

コラム8

待機児童が解消されない日本

日本の放課後児童クラブは、小学校の余裕教室、児童館などで、共働き家庭などの児童に放課後の遊びや生活の場を提供する安心、安全な居場所として位置づけられている。2018年9月14日に策定された「新・放課後子ども総合プラン」に基づいて、2019年—2023年度までの5年間で約30万人分の整備を図ることになっている。厚生労働省が毎年実施している放課後児童クラブ利用状況の調査「放課後児童健全育成事業（放課後児童クラブ）の実施状況」の最新版（令和4年版：2022年の実施状況）によれば、児童クラブの待機児童は前年比にくらべ1764人増の15180人となっている。待機児童は減少していないのだ。筆者が勤務する大学附属の認定こども園にも児童クラブ「森の家」が併設されているが、毎年希望者が多く、全員を受け入れることができない、心が痛む。児童クラブがある園舎は、木のぬくもりがあり、そこに明かりが灯るとほっこりした気持ち、安心した気持ちになる心地よい空間となっている。[*10] さらに、手作りのおやつを食べた後は、大学の教員や学生がボランティアで子どもたちの遊びや学びに参加している。

「ここなら子どもを預けても罪悪感がない」保護者の方の声である。劣悪な環境の児童クラブに預けて働くことに対して、子どもに申し訳ない気持ちになっていたというのだ。待機児童の解消に併せて、児童クラブの環境改善が急務だ。同僚の話では、おやつを各家庭が準備して子どもに持たせるよう指示する児童クラブも少なくないそうで、中にはおやつを持参できない子どもがいるというのだ。ここでも格差と貧困の問題が露わになっている。第二次大戦後、学校にお弁当を持参することができない子どもは、昼食の時間に校庭で遊んでいたと聞いたことがある。戦後の学校給食がない時代のことだ。放課後児童クラブの子どものおやつは喫緊の課題である。おやつを食べられない子どもがいてはならない。

*10　本学の「児童クラブ森の家」は、建築家伊東豊雄氏設計の園舎の中にある。そこは、多様な子どもが集る「みんなの家」であり、子どもたちの世界が大切にされた創造的で自由な空間となっている。

第5章

マジョリティ、マイノリティ——「同質性」と「異質性」

ストックホルムの基礎学校を訪問した時のことである。一人の子どもが私に「你好（ニーハオ）」と挨拶をした。近くにいた別の子が、即座に「どこから来たのか（Atsukoに）聞いたの？」と言い返した。私が「日本から来た」と伝えたら、先の挨拶をしてくれた子が「日本語でHej!（こんにちは）は何て言うの？」と尋ねてきた。

「こんにちは」と伝えたら、「こんにちは」と挨拶をやり直してくれたのだ。指摘した子もニッコリ笑って頷いた。心に残る微笑ましいやりとり。日本語が母語で、その学校ではマイノリティの私を受け入れてくれたように思ったのを覚えている。「多文化共生」を含む「共生」のカリキュラムに力を入れているスウェーデンだからこそのエピソードかもしれない。

では、スウェーデンの子どもたちは「共生」をどのように学んでいるのだろう。以下に、スウェーデンの「共生」のカリキュラムの一端を紹介する。

1

低学年の「共生」のカリキュラム

スウェーデンのカリキュラムの中で、私が特に注目しているのが、教科横断型の「共生」のカリキュラムである。スウェーデンでは、1962年の基礎学校設立当初から「共生」のカリキュラムが義務化されているが、この一つの教科に収まらない学際的な内容は、複数教科を横断させて学ぶよう設定されている。さらに、それがスパイラルで、つまりは同じ内容とレベルアップさせて、繰り返し取り上げられていることも注目に値する。1994年以降のラーロプランには、「共生」をはじめとする教科横断型カリキュラムの責任は校長にあると明記され、その後のラーロプランに継承されている。

では、次に「共生」の教育内容、授業の話をしよう。

（1）マジョリティ・グループに入りたい？・スウェーデン語（国語）の低学年学習材

写真1は、休み時間の校庭の様子だ。これまで述べてきたように、子どもたちは基本的に休憩時間を外で遊ぶが、しばしば友だちが遊んでいる輪に入らず眺めている子どもを見かける。この写真の子どもたちのことではないかと思うような学習材の記述があったので、紹介する。その「スウェーデン語（国語）」の学習材には、「遊び」、「休み時間」、「校庭」のシーンが取り挙げられていた。中から、2つのシーン[*1]を紹介する。最初は「遠目にマジョリティ・グループを眺めている子どものシーン」である。

その子は心の中で「彼女たちの前で話すことができるかしら？　今日も仲間に入れてもらえないかもしれない」と呟いた。勇気を出して「Hej!」（こんにちは！）と言ったのだが、無視されてしまった。その時、一人の男の子が女の子に近づいて来て、「あのグループに入りたいの？」と聞いたのだ。女の子は「入りたい」と即答。それを受けて男の子は「どうしてみんなあの子たちと遊びたがるの？」、「ほら、ここ（あなたの側）に僕がいるよ」と。

写真1　基礎学校（小学校段階）の子どもの休憩時間の様子
2013年10月18日撮影

＊1　最初のシーンはHelena/Hansen,Anna(2008). *LäsDax2 av Bross*, Bonnier, ss.14-15.
次のシーンはHelena,Bross/, AnnaHansen, Clas Rosvall (2007) *LäsDax1 & SKRIVEDAX*, Bonnier, s33.

次に紹介するのは、子どもたちが遊んでいるところに、「仲間に入れて」と一人の子どもが近づいてくるシーン。

主人公の「私」は「いいよ」と言おうとしたのに、「今日はだめ」と別の子が断ってしまった。悲しそうにその場を離れようとするその子に、「私」は勇気を出して叫んだ。

「ちょっと待って！　いいよ！」

スウェーデンの子どもたちにとって日常である校庭での休み時間。そこでの人間関係の一コマから、大切なメッセージが「スウェーデン語（国語）」の学習材を通して届けられている。

前者の学習材は「特定のグループ（マジョリティ・グループ）に入ろうとしなくてもいいのでは？（あなたのことを思う友だちは近くにいるよ）」という執筆者のメッセージが内包されているように思った。

この記述の話を友人にしたところ「マイノリティはマイノリティ・グループにいればいいの？　マジョリティ・グループには入れない？　そこを解決してほしい」という疑問が投げかけられた。

このように、一つの場面を基に様々な意見を出し合い対話することが、思考を深めることにつながる。答えのない学習材の深さを再発見した。

（2）同じだけど違う、違うけど同じ

筆者は、勤務校の教育学科（幼児教育専攻、児童教育専攻、健康教育専攻）の1年生を対象に「教育と共生社会」という講義を担当している。

講義が終わった時に、保育者を目指している上肢障害の学生が教壇に歩み寄って来て言った。

「同じと言われると苦しい」と。同じ権利を持った人間だけれど、一人ひとりはみな違っている、私の体はみんなとは違うのだから、「みんな違う」と言ってもらいたいと言うのだ。

毎年、その講義で「同じだけれども違う」と「違うけれども同じ」をめぐって学生たちと意見交換をする。

「違う」に重きを置いた表現と「同じ」に重きを置いた表現、毎年の傾向だが「同じ」と言ってもらったほうが安心という意見が多数を占める。でも、冒頭に紹介した学生の声を忘れてはいけない。同じであることの強調は、同調圧力となって他者を苦しめることもあるのだ。

一方、移民、皮膚の色を扱うスウェーデンの学習材で、「違うように見えても同じところがある」ことを強調した記述に出会ったこともある。一見、違っているようでも故郷の食べものが恋しいと思ったり、嬉しいとか悲しいと感じることが同じだったりするというのだ。人種差別、違うことへの嫌悪を揺さぶるような記述だった。

「同じ」であること、「違う」ことについて、教員を目指す学生たちと具体的に考え、多様性を尊重する学校を問い続けていく必要がある。

・「違い」――統合から包摂へ

先の講義の議論は、スウェーデンの低学年学習材がヒントになっている。それは、1992年に出版された『ここでわたしたちといっしょに1』(Här hos oss1)と『ここでわたしたちといっしょに2』(Här hos oss2)*2という低学年のオリエンテーション科の学習材だ。

オリエンテーションというのは人生の道先案内という意味で、低学年は合科目的に扱われている。日本で言うところの生活科に近い。学年が上がると理科系オリエンテーション(NO)と社会系オリエンテーション(SO)に分かれていく。

紹介する『ここでわたしたちといっしょに』は、1992年に出版されたもので、80年版ラーロプラン時代から94年版ラーロプラン時代に使われていたものだ。スウェーデンでは、ラーロプランが改訂されてもその都度全ての学習材が入れ代わるわけではない。この学習材は、1年と2~3年用に分かれているが、繰り返し「他者との関係」を学ぶように創られている。(表1参照)

80年版ラーロプランのオリエンテーション社会領域(SO)では、1年生から9年生までレベルをアップさせながら繰り返し「他者との関係」を学び、低学年(1~3年)

*2 Görel Hydén & Byöneloo, Inger (1992), *Här hos oss 1*, Bonniers. s.60. Görel Hydén (1992), *Här hos oss 2*, Bonniers.ss.7-16.

表1　80年版準拠『ここでわたしたちといっしょに』（Här hos oss）の内容構成

『他者との関係』に関する内容	
1年	**私たちは同じだけれど違っている** 背の高い人もいれば低い人もいます。弱い人もいれば強い人もいます。自分と同じ人はいません。同じところと違うところを書いてみよう。
2年-3年	**友だち** 友だちとはどういう人をいうのでしょうか？ 友だちになるには時間がかかります。 何かを言う時に、そのことが相手を傷つけないかどうかを考えましょう。 いつも意見が合うことばかりではありません。意見が合わなくても話をしなくてはなりません。 友だちになるためには自分を見せなくてはなりません。 友だちは向こうからやってきません。 **他の国からの友だち** 韓国のオルヤンとペルーのマリア **わたしとわたしの友だち** わたしたちの中には、背が高い人もいれば低い人もいます。髪の毛も黒や茶色や白や赤、もしかしたら全くない人もいるかもしれません。 わたしたちにはいろいろな違いがあります。いくつかの違いはすぐにわかります。でも、外からは見えないとても大切な違いがあります。耳が遠いとか、ある種の食べ物が食べられないとかは外からは見えません。 **イエスパルは聴覚障害** 聴覚障害のイエスパルが転校してくる、耳のしくみ、耳の聞こえ方も多様です。補聴器をつけたイエスパルの生活 **サラは糖尿病** 外からはわからないサラの病気。インシュリンを注射して血糖値をコントロールする生活。知らなくてもいいこと、知っていた方がいいこと。 **もっと知ろう** 友だちと友情――誰とも遊びたがらないスティカンについて、ハンディキャップについて

Görel Hydén & Inger, Byöneloo（1992）, *Här hos oss 1*, Bonniers, s.60.

Görel Hydén（1992）, *Här hos oss 2*, Bonniers, ss.7-16.

においては「障害の概念」を学ぶよう設計されている[3]のも特徴だ。「障害の概念」が学習材レベルでどのように具体化されているのかを見てみると、入手した低学年のものでは「からだ（感覚器）」から入って、その違い、障害へと発展させていた。[4]

さらに、『ここでわたしたちといっしょに』に合わせて作られた事典には、「障害とは何なのか？」、「障害は環境によって作られる」、「環境を整えるのは政治家の責任であること」が記述されていた。低学年に障害の概念、政治家の責任、つまりは社会の課題であることを伝えているのだ。

「違い」、「他者との関係」の学びを通して自己と他者を考え、寛容性を養うことを意図している。ただし、この学習材は、耳の聞こえないイエスパルと聞こえる私たちという設定になっていた。聴覚障害のイエスパルが転校してくるという統合のスタイルなのである。同時代の別の学習材『NOAK1』Natur och Kulturには、目の見えないアンナ、車椅子で移動するペータ、耳の聞こえないトーマスが登場していた。80年代は障害者のインテグレーション政策、健常者がベースの社会への統合が課題だった。この時代の学習材は、社会政策に呼応して作られていると言って間違いはないだろう。

それが90年代の学習材を見てみると次第に、障害が前面に出ない記述へと移行していることに気づかされる。1995年に出版された『人間読本1―3』（Människoboken）[5]は、多様性に焦点をあてた「感覚器」の学びを通して他者を理解する構成になっている。視覚、聴覚、知覚、嗅覚、味覚などの五感について取り上げた後に、「自分と他者を理

＊3　Skolöverstyrelsen (1980). *Läroplan för grundskolan80 (Lgr80)*, s.123.

＊4　例えば、他社の教科書、Berling, Brigitta & Kleinwichs, Lena (1990)『NOAK1』Natur och Kulturでは、体の仕組みを学んだ後に、「全てが同じではありません」として、車椅子のペータ、目の見えないアンナ、手話で話すトーマスが登場している。

＊5　Mårtensson, Ralph (1995) *Människoboken*, Almqvist&Wiksells. ss.28-30.

解する」を考える設定になっているのだ。

例えば、聴覚のところでも、耳の聞こえない子どもが統合されてくるというのではなく、耳の大きさ、皮膚の色、年齢が異なる耳の写真を掲載して「耳はいろんな顔つきをしている」という説明を加えている。

障害に特化した取り上げ方ではなく、「多様性」を前提とした内容である。「統合」から「包摂」への移行、すなわち、聞こえている人の集団に聞こえない人を受け入れるという捉え方から、多様な集団の中に聞こえる人も聞こえない人も同じように包み込まれる（べきである）という捉え方への移行である。

・みんなが仲よくなれるわけではない――自分は自分なんだ、それでいいんだ

実は、学習材『ここでわたしたちといっしょに』には挿絵があり、その絵の吹き出しに賢者の言葉として「みんなが仲よくなれるわけではない」、「褒めることがない時は黙っていよう」と書かれている。「討論」のテーマとして、「なぜクラス全員と仲よくなれないのか？」が挙げられていたのも興味深い。「全員とは仲良くなれない、でも他者（違い）を尊重し、共生（共存）することはできるはず」というのが前提となっている。

最新の学習材を見てみよう。2021年に出版された『PULS SO-Boken』。先に紹介した『NOAK1』と同じ出版社 Natur och Kultur から刊行されたものである。

そこには、以下のように書かれている。

クラスの友だち

クラスにはいろんな友だちがいる。
どの子どももも自分は自分なんだ、それでいいんだと感じられるようにしましょう。クラスの全員が親友になる必要はないけれども、相手を尊重しましょう。自分が嫌なことを友だちにしないようにしましょう。自分が自分でいられるようにしましょう。

Göran Körner・Maria Willebrand（2021）*PULS SO-Boken*, Natur och Kultur, s.11.

「みんなと親友になる必要はない」というスタンスは、90年代から変わらない。「自分は自分なんだ、それでいいんだと感じられるように」、「自分が自分でいられるように」というメッセージは心に響くものがある。基礎学校での参与観察を継続してきたが、子どもたちはこのことをわきまえていると思う。

2
中・高学年の「共生」のカリキュラム

本項では、2005年に参与観察した授業と2010年に出版された社会科の学習材（4～6年生用）を紹介する。

（1）そもそもスウェーデン人って？――7年生（中学2年生）の授業

「スウェーデン国民は、移住してきたとか外国で生まれたとかに関係なくスウェーデン人である」[*6]

これは、学習材の研究者であるスタファン・セランダー（Staffan Selander）が、「スウェーデンの学習材に人種差別がないか」という報告書の中で書いていた説明文である。セランダーは、PEXU（教科書とカリキュラム内容の理解に関する研究）の国際会議の

＊6　Selander, Staffan (1990). *Specialnummer -Rasism och Främlingfientligher i Svenka läroboker*. Spov9, 5.s.15.

座長と同時にIRATEM（国際教科書・教育メディア学会）の会長を歴任した教科書／学習材研究の第一人者である。偶然にも、セランダーが言っていることと一致する内容の授業を見学する機会を得た。

それが、アールヴィック基礎学校7年生17名を対象にした「人生の知識」（Livskunskap）の授業である。[*7] 当時アールヴィック基礎学校で社会科を担当していたゴットフリッズソンは、本来は高校の科目である「人生の知識」を中学校で実践し、「共生」について集中的に取り上げていた。取り扱うべき中学校段階の内容（ミニマム）をしっかり押さえていれば、あとは自由裁量でカリキュラム化できるのだ。

その一部『若者のグループについて――私はそこに入りたくない』[*8] を紹介する。

『若者のグループについて――私はそこに入りたくない』

昔はヒッピーやパンクのようなグループがありました。以下のことをグループでディスカッションしましょう。

1）そのようなグループは今もありますか？
2）そのグループに対して、大人にはネガティヴな気持ちがあると思いますか？　あるとしたらそれはなぜですか？
3）大人がそれらのグループに肯定的な気持ちになるにはどうすればいいですか？
4）大人の気持ちを変える必要があると思いますか？

＊7　2005年10月12日にアールヴィック基礎学校で観察した授業記録より。この実践の詳細は戸野塚厚子（2014）『スウェーデンの義務教育における「共生」のカリキュラム――"Samlevnad"の理念と展開』明石書店、206―214頁を参照。

＊8　前掲書（＊7）戸野塚（2014）、211―213頁。

上記の課題に対して、グループで話し合った後、クラス全体で意見交換をするバズセッションを行っていた。

『クラス全体での話し合い』

教師：「ヒッピーはいる？」

生徒：「ヤンキーはいると思う」

生徒：「地方（出身）別のグループがある。アラブのグループとか」

教師：「アラブのグループって？」「街に出てそのグループに恐怖心をもったことは？」

生徒：「街の中で仕事をしないかって変な人が寄ってきたの」

生徒：「地下鉄でおじさんが他の人のお尻を叩いていた」

生徒：「酔っ払いのおじさんが僕のお尻を叩いた」

生徒：「地下鉄で喧嘩しないかって寄ってきた人がいた」

教師：「ナチズムの人を見たことは？」

生徒：「見たことがある」

生徒：「お姉さんがパーティーをした時に、スキンヘッドの人が鉄の棒を持って入ってきた」

生徒：「私の友だちのお兄さんはスキンヘッド」

生徒：「外国の人に肺を刺された人がいる」

教師：「みなさんが外国の人と言っている人たちの中にも、実はスウェーデンで生まれた人も多いのです。そして、そのような人たちもスウェーデン人です。アラブだけに悪い人がいるのではありません。スウェーデン人の中にも悪いことをする人がいます。特定のグループが悪いということではないと思います」（傍線筆者）

この授業で、子どもたちの発言は移民のグループに集中していた。ゴットフリッズソンは、一つの方向に子どもの意見を誘導しないようにしていたが、移民の人たちへの先入観や蔑視につながる発言には介入し、子どもを揺さぶり、問題提起をしていた。特に、教師の以下の発言は多文化共生の観点からも重要である。

写真2　ゴットフリッズソンの社会科の授業風景
輪になって意見交換
2013年10月16日撮影

写真3　ゴットフリッズソンの授業風景
途中から同僚の教師が話に加わりティーム・ティーチングになった。
2013年10月16日撮影

「私たちが外国の人と言っている人たちの中にも、実はスウェーデンで生まれた人も多いのです。そのような人たちもスウェーデン人です」

「移民の共生」、「そもそもスウェーデン人って何者か」を問う場面である。「外からきた彼らと私たち」という二項対立的（統合）な捉え方から「多様な私たち」というインクルージョン（包摂）の考え方へと生徒たちを誘おうとしているのだ。

・学習材における差別撤廃

2010年に出版された4〜6年生用学習材に、「差別とは何か」を具体的に理解できるような記述がある。

この学習材が出版されるずっと前、1960年代のものにも人間の権利、移民の人との共生が登場している。スウェーデンの学校教育研究の第一人者である中嶋博は、1976年に学校教育庁（SÖ）、高等教育庁（UHA）、中央奨学委員会（CNS）が合同で発行した移民対象のパンフレットに「あなたがたは、スウェーデンにおいては、殆ど望むこと全てのことを学ぶことができます」と記されていることを紹介し、「つまり福祉社会スウェーデンは、移民にも学習に関して、何らの差別を設けていない国際社会となっているのを知るのであるが、これが「学習社会」でなくてなんであろう」という見解を示している。[*9]

以上のことから、スウェーデンは60年代、70年代から移民の子どもとの共生について

*9　中嶋博（1994）『学習社会スウェーデンの道標』近代文藝社、173頁。

基礎学校社会科（4〜6年）の学習材の記述

差別（Diskriminering）

残念ながら、皮膚の色、年齢、性（男性か、女性か）、車椅子に乗っているとか、耳に障害があるなどが理由で、公平に扱われていない人がいる。

このような個人的なことで、誰かが悪い扱いを受けることを「差別」という。

国会は、差別、いじめ、人間の権利に反した不平等なことを禁止する法律をいくつか作った。例えば、国会は以下のことを禁止している。

- ・ミーラは、スカーフをかぶっていたいという理由のためにスーパーで雇ってもらえない。スカーフは、ミーラにとって宗教に基づく重要なものである。
- ・リサとイーダは、お互いに恋しているのだけれど校内でキスをすることを禁止されている。なぜなら彼女たちは女性だから。
- ・エリックはいじめられているので学校に行けない。でも、学校にいる大人たちは誰も彼を助けてくれない。
- ・エヴァは、フランクよりも給料が安い。なぜなら、彼女が女性だから。
- ・イサックは校長先生に修学旅行に参加するなと言われた。なぜなら、イサックの車椅子を積んだり、降ろしたりするのが面倒だから。

あなたは、本当に全ての人が「人間の権利」で守られていると思いますか？

Eriksson, Johan (2010). *Shamhällskunskap koll på shamhället*.BONNIER, s.17.

の学び、移民の子どもたちに対する平等と学びの保障を実現しようとしてきたことが理解できる。

その後のラーロプランでも多文化共生の内容は引き続き位置付けられており、特に2011年版ラーロプランでは差別撤廃の内容が強調され、その後2022年9月に施行されたラーロプランに引き継がれている。

つまり、「共生」を学んだ子どもたちが社会人となり、福祉社会スウェーデン、多文化共生社会を担っているのである。

急がば回れ。教育の力、カリキュラムに期待したい。

（2）ラーロプランの背景

「共生」を重視したラーロプランが形作られた背景として、1995年に、スウェーデンはOECDに報告書『学習社会に向けてのスウェーデンの方途』(The Swedish Way toward a Learning Society) を提出[*10]していることを挙げておこう。そこに「移民のグループ、新たな民族構成とその問題点」の報告が入っている。

報告書では、1930年のスウェーデン人口のうち外国で生まれた人の割合は1%であったのに対して、1989年では8・9%であること、アジアからの移民が増加しているなど、実態報告を踏まえた上での総括がなされている。要約して紹介する。

*10 OECD (1995). *Reviews of National Politics for Educations SWEDEN*, Paris: OECD, pp.36-37
スウェーデンは人道主義の立場から難民に寛容であると言われている。事実、スウェーデンが受け入れたイラク戦争時の難民の数はアメリカを上回っている。

１９６０年代に比べると移民に対する態度は寛容な方向に向かっているという研究報告書を基に、全体的市民の態度は良い方向に進んでいると判断されている。しかし、その一方で、移民のバックグラウンドをもっている人に対して極端な攻撃をするグループの存在が認められている。

新しい市民の文化的調和に向けて解決の道を探らなければならない。

OECD（1995）. *Reviews of National Politics for Educations SWEDEN*, Paris: OECD,pp.36-37

報告書から時間が経過しているので、その後のデータも取り上げる。国連（United Nations）の人口部（Population Division）によれば、２０２０年のスウェーデンの人口に対する移民の比率は19・84％と増加している。参考までに日本の比率を紹介すると、２・19％である。

そもそもスウェーデンは、難民の受け入れに対しても寛容な人道主義の立場をとっていて、滞在許可証を得られれば、教育も社会保障もスウェーデン人とほぼ同様の権利を有することができる。移民・難民の人を新しい市民として受け入れて共に生きる、そのための学びが義務教育課程に60年代から位置付けられている。

・政策の転換――いつまで統合された人、移民として扱い続けるのか？

政府は、１９９７年に外国人受け入れを主眼とする移民政策（invandrapolitik）を、

「統合政策」(integrationspolitik) へと転換した。さらに、その後、政府は「統合政策」から「新規移民の社会参入支援」(nyanländas etablering) とその表現を変えている。

政治学者の清水由賀は、スウェーデンの移民統合政策の研究[*11]の中で、母語がスウェーデン語ではない人をいつまでも統合された人、移民として扱い続けるのではないというスタンスであることを紹介している。続けて清水は、そのことはスウェーデンで生まれた移住民の次世代が増加したことにともない、外国人、移民という概念に収まらない人については「移民」の概念から外して「スウェーデン人の中での差別、レイシズムの問題」として扱うようになったことに起因していると考察、説明している。これは、移民の次世代をはじめとする「移民」の枠に収まらない人たちをそのルーツやバックグラウンドを問わず「(明確に) スウェーデン人」として認めていることを意味している。

先のアールヴィック基礎学校7年生の授業は、まさに「移民」の概念、「スウェーデン人」の概念を揺さぶり、問うものであり、社会の要請に応じた学びを展開していたということができる。

スウェーデンの学校は、多様なバックグラウンドを持った子どもと教師が学んでいる。その学校環境がもたらすものからも、子どもは多文化共生社会を学んでいるに違いない。ただし、その学びのプロセスには、当然のことながら意見の対立や葛藤が含まれている。これからも対話を積み重ねながら、「多文化共生社会におけるスウェーデン人」を問い続けていくのだろう。

＊11　清水由賀（2016）「スウェーデンにおける移民統合政策の起点」、早稲田大学大学院社会科学研究科編『ソシオサイエンス』Vol. 22、4頁。

郵便はがき

料金受取人払郵便

神田局
承認

2420

差出有効期間
2025年10月
31日まで

切手を貼らずに
お出し下さい。

101-8796

5 3 7

【受 取 人】

東京都千代田区外神田6-9-5

株式会社 **明石書店** 読者通信係 行

お買い上げ、ありがとうございました。
今後の出版物の参考といたしたく、ご記入、ご投函いただければ幸いに存じます。

ふりがな お 名 前	年齢	性別

ご 住 所 〒 -

TEL ( ) FAX ( )

メールアドレス	ご職業（または学校名）

＊図書目録のご希望 □ある □ない	＊ジャンル別などのご案内（不定期）のご希望 □ある：ジャンル（ ） □ない

書籍のタイトル

◆本書を何でお知りになりましたか？

□新聞・雑誌の広告…掲載紙誌名[　　　　　　　　　　　　　　　　　　]
□書評・紹介記事……掲載紙誌名[　　　　　　　　　　　　　　　　　　]
□店頭で　□知人のすすめ　□弊社からの案内　□弊社ホームページ
□ネット書店［　　　　　　　　　　］　□その他[　　　　　　　　　　]

◆本書についてのご意見・ご感想

■定　価　□安い（満足）　□ほどほど　□高い（不満）
■カバーデザイン　□良い　□ふつう　□悪い・ふさわしくない
■内　容　□良い　□ふつう　□期待はずれ
■その他お気づきの点、ご質問、ご感想など、ご自由にお書き下さい。

◆本書をお買い上げの書店

[　　　　市・区・町・村　　　　書店　　　　店]

◆今後どのような書籍をお望みですか？

今関心をお持ちのテーマ・人・ジャンル、また翻訳希望の本など、何でもお書き下さい。

◆ご購読紙　(1)朝日　(2)読売　(3)毎日　(4)日経　(5)その他[　　　　新聞]

◆定期ご購読の雑誌［　　　　　　　　　　　　　　　　　　]

ご協力ありがとうございました。

ご意見などを弊社ホームページなどでご紹介させていただくことがあります。　□諾　□否

◆ご 注 文 書◆　このハガキで弊社刊行物をご注文いただけます。

□ご指定の書店でお受取り……下欄に書店名と所在地域、わかれば電話番号をご記入下さい。
□代金引換郵便にてお受取り…送料+手数料として500円かかります(表記ご住所宛のみ)。

書名	冊
書名	冊

ご指定の書店・支店名	書店の所在地域 都・道　府・県　　市・区　町・村
	書店の電話番号　（　　　）

本章では、マジョリティとマイノリティの課題をどう学ぶのか、スウェーデンの取り組みの一端を紹介したが、その内容は、ＬＧＢＴＱの人たち、障害者、移民・難民など、文化的バックグラウンドの違いと多岐にわたっていた。そして、それら全てが教科横断的学習として、一貫して取り組まれているカリキュラムなのである。

コラム9

低学年には難しい？
——子どもを侮ってはいけない！

小学校低学年の学習材に糖尿病の子どもが登場していた。「見えない違い」としてインシュリンを注射しているクラスメートがいることを紹介していたのだ。同様に、肌の色は色素（メラニン）で決まることが記述された低学年学習材もあった。

私は「（インシュリンやメラニンは）低学年には難しいのではないか」と思った。

スウェーデンで、学習材の執筆をしている低学年の担任教師に質問してみたところ、以下のような見解が示された。一字一句同様ではないが、再現してみる。

「子どもたちは家庭でも、社会においても難しい言葉の中にいる、よくわからない言葉の中で暮らしている。肝心なのは、インシュリンと呼ばれるものを注射しながら生活している友だちがいること、皮膚の色の違いはメラニン色素（からだのしくみ）によるものであることを知るのが大事なの。『インシュリンって何？』、『メラニンって何？』というのは、学年が上がった時に学ぶので、理解できなくても構わない。義務教育が終了するまでのどこかで『なるほど、そういうことか！』と腑に落ちればいい。低学年で全てがわからなくても、繰り返しスパイラルで取り上げるので、どこかの段階でわかればいいの」

スパイラルとは、螺旋階段を登るように、同じことをレベルをアップさせながら繰り返し取り上げることを指す。

一方、小学生には難しいと大人が思うようなことでも、子どもは興味を示す、追究を始めることがある。筆者の研究室の大学院生が「性の多様性」の学習プランを作成し研究授業をした時のことである。小学校３年生の子どもが「先生、ＹＹという性染色体はないの？ＸＸとＸＹだけ？」と質問した。「染色体についてもっと知りたい」という声が複数寄せられた。事前の検討会で「小学３年生に性染色体の話は難しい」と指摘があったのだが、心配無用だった。

「子どもを侮ってはいけない」

子どもに教えられた。

小学生には難しいからと取り上げないのか、それとも小学生なりに理解する、たとえその時はわからなかったとしてもいつかわかる日が来るからと大切なことは繰り返し取り上げていくのか、その差は大きい。

Sara har diabetes

Förra sommaren, strax innan Sara skulle börja skolan, tyckte mamma att Sara verkade så hängig. Ingen vidare matlust hade hon heller, och stup i ett måste hon kissa. Farmor trodde att Sara oroade sig över att börja skolan, men det trodde inte mamma. Därför tog hon med sig Sara till doktorn, som tog ett blodprov på Sara.

Doktorn berättade att Sara hade diabetes.

Sara fick veta att i kroppen bildas något som heter insulin, och insulin är nödvändigt för kroppen.

I Saras kropp bildas inte insulin av sig själv, och då måste hon få insulin på andra sätt.

Sara och hennes familj fick lära sig hur man tar insulinspruta, och de fick också lära sig vilken mat Sara måste vara noga med att äta för att må bra.

Numera har Sara en insulinspruta som ser ut som en penna, och den klarar hon av att sköta själv. Hon känner också själv när hon genast behöver få något sött att äta eller ett glas mjölk att dricka.

Fundera över...

1 Vet du om man kan se på någon att han eller hon har diabetes?

2 Om en elev i klassen har diabetes är det är viktigt att alla i klassen och de vuxna på skolan vet om det. Varför är det viktigt, tror du?

15

Görel Hydén(1992) *här hos oss 2*, Bonniers, s.15
目に見えない違い
糖尿病でインシュリンを注射している友だちを紹介している

コラム10

「健康冒険センター」
――ゴットフリッズソンとの出会い

スウェーデンには、県の助成を受けて1995年に設立した「健康冒険センター」[*12]があった。小学生から高校生までを対象にした「健康」に関わる授業を提供する施設であり、教員が研修で利用する施設でもあった。

身体接触でコミュニケーションを図る「クラーム・クル」（クラーム：ハグする）、友だちとの最悪のドラマを作り変えていく「友だちっていいよ」、ロールプレイで薬物の是非を討論する「白と黒」など、たくさんの授業の選択肢が用意されていて、多くの場合、低学年は教師と参加、高校生は生徒だけで受講していた。教師も参加して自身の授業に役立てていた。

何度か訪問したが、センター長（当時）のイングリッド・モーム（Ingrid Moum）は、歯科医で経済学を修めていた。カリキュラム開発を担当している複数のスタッフは、ドラマ教育学、健康教育学を学んでいて専門に裏付けされながら、豊かな表現力を活かした授業をしていた。ドラマ教育学は、1960年代後半から教員養成カリキュラムに取り入れられていて、ドラマや対話、討論を重視した授業づくりに活かされている。

実は、本章で紹介した社会科教師のゴットフリッズソンは、健康冒険センターが紹介してくれた。彼が熱心にセンターに通い、学んでいたのを評価して、彼の授業を参与観察することを薦めてくれたのだ。氏の授業で取り入れられていた円になっての対話などは健康冒険センターで見た授業に通じるものである。

柔らかな素材で作られた身体の教具、施設の壁に小さな扉がありそこを開けると脳の模型があるなど、いくつもの仕掛けがあった。「からだの学び」の創造的ヒントが隠されていたのである。

残念ながら、健康冒険センターは2004年に経営困難で閉鎖となった。幸いにも、健康冒険センターが紹介してくれたゴットフリッズソンとの関係は続いていて、参与観察、聞き取り調査に協力してもらっている。

＊12　前掲書（＊7）戸野塚（2014）、214頁。

第6章

権利と参加、そして尊重

「大人になる前に知りたかった」
「子どもの権利条約の存在は知っていたけれど、そこに書かれている内容までは知らなかった」

これは、『子どもの権利条約』について筆者の勤務校の授業で取り上げた時の大学生の声である。『子どもの権利条約』には、当事者の子どもたちにその存在と内容を知らせることと明記されているが、日本の子どもはどのくらい知っているだろう?

スウェーデンの子どもたちは、『子どもの権利条約』について基礎学校1年生から学んでいる。『子どもの権利条約』は、1989年に国連総会で採択され、1990年に国際条約として発効されている。スウェーデンはこの条約の成立に関わった国の一つで、発効と同年の1990年に批准している。さらに、1993年7月には『子どもの権利条約』を具現化させるために『子どもオンブズパーソン事務所設置法』が施行されている。

日本が『子どもの権利条約』に批准したのは1994年4月で、158番目であった。日本最初のオンブズマンは、1999年4月に兵庫県川西市に設置されている。日本は、他の国の後を追いかけている状況にある。

本章では、スウェーデンの権利と参加を象徴するエピソードを紹介し、その上で実現の背景、基盤について検討する。

1

子どもの知る権利と参加
――どうして子どもだけ学校に行くの？

2019年以降、私たちは新型コロナウイルスのパンデミック状況の中を生きてきた。スウェーデンは、ロックダウンをしない、義務教育学校を閉鎖しない、公共交通機関のラッシュ時（朝7～9時、夕刻16～18時）のマスク着用を推奨するなど、コロナ対策も他の北欧諸国、ヨーロッパ諸国とは異なる選択をした[*1]。スウェーデンの方針に対しては国内外で賛否の声が聞こえたが、私は子どもとの丁寧な向き合い方に注目している。

ストックホルム在住の大橋紀子氏が、スウェーデンに行けなくなった私に送ってくれた情報に触発されたからだ。それは、2020年3月19日の国営放送Lilla Akutuellt（子どものためのニュース番組）が行った「子どものための緊急記者会見」の様子。その会見では、子どもの質問に首相（当時）が答えていた。2020年4月20日に民放の番

*1　スウェーデンは第2波の影響、国民からの政府批判を受けて、2020年12月18日に新政策を導入した。『20時以降の酒類の販売禁止、公共の場に9人以上で集まることの禁止、飲食店では1卓あたり4名まで。社会的交流はごく小さな友人の輪に留めること、マスクの推奨』などである。

組では、担当大臣、公衆衛生局の専門家が子どもの質問に答えていた。デンマークでも「子ども記者会見」が公共放送で行われたことが紹介されている。[*2] フィンランドでも同様のことが行われたと聞いた。

以下に示すのが、スウェーデンの子どもたちの首相への質問である。

「大人は自宅で仕事をしているのに、なぜ子どもは学校に行かなければならないの？　50人以上の集まりは禁止されているのに、学校に行くなんて！　子どもは大切ではないの？」

「子どもがコロナに感染しないためにはどうしたらよいの？」

「ヘイ、ステファン！（スウェーデンの首相 Stefan Löfven、2020年当時）イタリアやフィンランド、ノルウェーでは学校を閉鎖しているのに、どうしてスウェーデンは閉鎖しないの？」

これらの質問に、専門家が「子どもは大人に比べて感染力が低いこと、感染しても重症化しにくい」ことを説明している。（2020年の状況を踏まえ）首相は「学校の閉鎖は国によって判断が違う、学校を開けているのはスウェーデンだけではない、必要であれば学校を閉鎖することになるけれども、今は必要ない」と話していた。個人的には、なぜ、今は必要ないのかをもう少し説明してはどうか、そこが聞きたいと思った。しかしながら、感染拡大で対応に追われている3月に首相が子どもの質問に答える、専門家が子どもの疑問に答えているのは、スウェーデンの民主主義を基礎とする「子どもの参

＊2　原田亜紀子（2020）「デンマークの教育――変化の中での学校民主主義」『季刊教育法』、No.207、12、60頁。フィンランドも首相が子どもたちの質問に答えており、地方新聞である「河北新報」でも紹介された。

加」、「知る権利」の具現化と言ってよい。

「（教育に力を入れる）予防志向の国」[*3]と評価される国の所以を見たように思う。ロジャー・ハート（Roger A.Hart）[*4]も持続可能なコミュニティづくりの観点から、子どもの「参画」の重要性を提唱している。知ろうとする子ども、考える子どもの存在が未来の社会を創り、社会を支えるのだ。

「なぜスウェーデンの子どもは、コロナ禍で学校に行くの？」

この問いに首相が答える。子どもの納得過程の重視と参加を保障する民主主義の姿勢が、スウェーデンの若者の社会参加につながっているのだろう。同時期の日本では、当時の首相が一斉休校を命じたため、子どもたちは自宅待機を余儀なくされていた。日本の子どもたちも聞きたいこと、知りたいこと、言いたいことがあったに違いない。自分も含めて、大人はどのくらい子どもの声や疑問に耳を傾けたのだろう。日本では、2023年4月に『こども基本法』が施行され、こども家庭庁が創設された。その基本理念の一つに「自分に直接関係することに意見を言えたり、社会のさまざまな活動に参加できる」ことが謳われている。

日本の大人と子どもの関係、すなわち「大人は教え、子どもは学ぶ（従う）」という関係性を問い直す時だと思う。そうでないと、2023年4月に制定されたこども基本法の「こどもまんなか社会」は実現しない。

＊3　小沢徳太郎（1994）『スウェーデンから何を学ぶのか』ドメス出版、63－97頁。

＊4　ロジャー・ハートは持続可能なコミュニティ作りから「子どもの参画」の重要性を提唱している。詳しくは、ロジャー・ハート（2000）『子どもの参画』木下勇ほか訳、萌文社を参照されたい。

2 子どもの参加が学びを変える

ここでは、子どもが意見を言うことを推奨し、様々な社会の活動に参加する権利を保障している、スウェーデンだからこその話をする。

（1）「性の多様性」理解のための活動予算

2018年2月21日、地下鉄改札口で無償配布されていた新聞『メトロ（Metro）』に「教師たちは『性と共生』の授業で道に迷っている」というタイトルの記事が掲載された。学校庁（Skolverket）が11年版ラーロプランが施行されて5年が過ぎたところで実施した調査結果を基にした記事である。そこには、学校間の格差やラーロプランの改訂についていけない教師、すなわち性の多様性をアイデンティティの問題として捉えられていない教師の存在が取り上げられていた。

その記事の4枚目に、スウェーデン性教育協会（以下、RFSU）への取材記事「RFSU：教師たちへのサポート方法を開発する必要がある」（Stödet för lärana behöver utvecklas）が掲載されていた。それは、RFSUには230人の「性と共生」のインフォメーション担当者がいることを紹介する内容である。そこには、「RFSUはサポートを惜しまない。しかしながら、授業の責任は学校の責任者である校長と教師にあることを忘れてはいけない」というメッセージも併せて掲載されていた。

そして、驚くべきは、課題を乗り越えていくために国の予算がつけられたことである。調査結果が出た後の2019年に性と共生に関する学びを改善するために、5千万クローナ（1スウェーデンクローナ約13円）の予算化が実現したのだ。この資金は学校庁が分配の責任を負い、学校庁、教員組合、RFSU、そして生徒組合などに配分された。

写真1は、キャンペーン中のRFSUのオフィスの壁。性はみんなのものであること、知識の重要性をアピールしている。RFSUは、国の予算を使ってカリキュラム

写真1　RFSUの壁面「知識」、「みんなのための性教育」などと書かれている。2019年12月4日撮影

開発、研修会や教材づくりを行った。生徒たちもその予算を活用して自らの学びを組織化していた。課題があることがわかるとそこに予算がつき、生徒にも配分されることがあるのだ。

自分たちの活動が社会を変えることにつながることの実感と実体験が、スウェーデンの投票率（議会一院制、2018年総選挙87・2％）[*5]を支えていることを強調したい。

（2）高校生の声が性教育の内容を変えた！

スウェーデンにおける生徒の社会参加は、今に始まったことではない。スウェーデンの性の学びが「共生」、「人間関係」の文脈で捉えられるようになったのも生徒たちが声をあげたのが始まりだった。1964年のことである。生徒会中央組織と青少年政党組織の代表が「学校教育庁から1956年に出版された性教育手引き書の内容が古く、現代社会にそぐわない」と意見表明したことが発端となり、国は検討委員会を設置し、委員会は107回会議を行い、検討を重ねた。[*6] 1974年には『性と共生の授業』答申（SOU 1974：59）が提出され、翌年に新たな教師用教科書（指導書）を作成するよう、国会は学校教育庁（SÖ）に指示した。そうしてできたのが1977年の教師用教科書（指導書）『共生の授業』（Samlevnadsundervisning）である。性の学びを「共生」の文脈に位置づけたこと、そしてそれを変えるきっかけとなった生徒の参加、生徒の声に耳を傾け、その声を改革に活かした大人たちに拍手を送りたい。

＊5　スウェーデンの投票率は、2010年84・6％、2014年 84・6 ％、2018年87・2％と推移している。那須氏は、（投票率の高さの要因として）現実の政治に触れる機会が多いことを挙げている。那須俊貴（2019）「主要国における投票率──投票参加に影響を及ぼす要因と国内外の取組事例」国会図書館調査及び立法考査局、レファレンス822号、99頁。2022年9月の選挙の投票率は81・3％であった。

＊6　スウェーデンでは国レベルのカリキュラム（ラーロプラン）の改訂委員会にも生徒の代表を入れている。性教育の改革については、以下の書籍が詳しい。ビヤネール多美子（1976）『スウェーデンの性教育と授業革命』昌平社。

3

差別撤廃を目指して――障害は環境によってつくられる

(1) 誰一人取り残さない

宮城県の特別支援学校に勤める教え子から、以下のような悩みを聞いた。

「知的障害の生徒が性に興味関心を持ち始めて、これまでにない行動をとるようになりました。ただ、自分も含めて教師たちが説明抜きに禁止をすることに違和感があるのです」

そもそも日本は、スウェーデンに比べて、性に関するカリキュラム開発が十分ではないし、知的障害の子どものための国レベルの性のカリキュラムに至っては存在しないに等しい。

スウェーデンがどうかと言えば、2014年に母語がスウェーデン語ではない子どもや知的障害者が性の多様性を理解するための解説書が学校庁（Skolverket）から出版されている。さらに、2018年には、RFSUが学習材『簡単なスウェーデン語の性の授業』を出版している。

写真2　RFSU（2018）『簡単なスウェーデン語の性の授業』

　障害の有無にかかわらず、ラーロプランの価値基準、理念を基に、差別を許さないこと、とりわけ2011年版ラーロプランは、性の多様性とアイデンティティの尊重が徹底されている。この背景には、1995年に同性愛者のパートナーシップを法的に認める『パートナーシップ法』（Lag om registrerat partnerskap）が制定され、結婚と同等の権利を得られるようになったことが挙げられる。加えて、1999年5月にはホモオンブズマン（Homo ombusmannen mot Diskriminering på Grund av Sexuell Läggning）、そして2006年4月に『子どもと生徒の差別禁止法』（Lagen om förbund mot diskriminering annan kräkande behind av barn och elver,BEL）が制定されたことが大きく関わっている。

（２）可聴者のための手話

さらに注目すべきは、11年版ラーロプランに「可聴者のための手話」が「スウェーデン語」、「第二言語としてのスウェーデン語」に並んで位置づけられたことである。聾児にとっての第一言語である手話がわかる人が増えれば彼らのコミュニケーションの機会は広がり、意思疎通の障害は確実に軽減され、社会参加がより容易になる。

「可聴者のための手話」については、全国聾協会（ＳＤＲ）が、１９８０年版ラーロプランを作成する時から国会に提案している。当時、全国聾協会は、聴覚障害児への手話の積極的導入と基礎学校中学年児（４〜６年生）全てが手話を学習することを主張していた。[*7]（口話法から）手話の積極的導入、すなわち手話が聾教育の言語として認められたが、可聴者のための手話は先送りされた。それが30年の時を経て実現したのだ。諦めてはいけない。２０１１年版ラーロプランの中に「可聴者のための手話」の記述を見つけた時に、強く思った。

（３）「男女平等」から「性の多様性と人権」、そして「アイデンティティ」の尊重へ

・カリキュラム「性と共生」の義務化

スウェーデンを性教育先進国と認識している人は少なくない。

それには、１９５５年に性教育（Sexualundervisning）が義務化されたこと、そして現在の基礎学校（Grundskolan）が成立した１９６２年版のラーロプランにおいて「共生

＊7　戸野塚厚子（２０１４）『スウェーデンの義務教育における「共生」のカリキュラム――"Samlevnad"の理念と展開』明石書店、144頁、281頁を参照。この件を含む、スウェーデンのインテグレーション政策については石田祥代（２００３）『スウェーデンのインテグレーションの展開に関する歴史的研究』風間書房を参照されたい。

の問題」（Samlevnadsproblem）として取り上げられたことが大きく関わっている。国の教育課程に位置づけられ義務化されているかどうかの差も大きい。生徒の声を受け止めて性を「人間関係」と捉えたことが、スウェーデンの「性と共生の学び」の基盤となり現在まで継承されている。

そして、「性と共生」のような学際的なテーマは、「教科を超えた授業」（Ämnesövergripande undervisnig）、教科横断型カリキュラムとして実践されている。スウェーデンの教師、専門家は英語で言うところの「クロス・カリキュラム」（Cross-curriculum）だと説明してくれた。つまり、「性」に関わる内容は、義務教育課程に位置づけられ、全ての学校が取り扱う教科横断型カリキュラムとなっている。1994年版ラーロプランから、複数教科が取り上げるカリキュラムの責任は校長にあることが明記された。さらに、「性」を「人間関係」、「共生」、「アイデンティティ」の文脈で捉えていることもスウェーデンの特徴である。

・「トラブルとしての問題（Problem）の回避」から「問う」こと（Frågor）へ

1962年版ラーロプランには、子どもたちが学ぶべき内容として、「共生の問題」（Samlevnadsproblem）（傍線は筆者によるもの）という記載がある。それが1969年版ラーロプランになると「性と共生の問題」（Sexual-och samlevnadsfrågor）、「共生の授業」（Samlevnadsundervisning）という言葉へと変わってきた。同じ「問題」でも、「Problem」

と「Fragor」では意味が違う。前者はネガティヴな問題（トラブル）を回避する、後者は「問う」という意味である。このように、「共生」というアポリアを問う、問い続けていくというスタンスへと移行したことは示唆に富む。なぜなら、「共生」はプロセスであり、実現を目指す永続的な営みと考えるからだ。[*8]

1977年配布された教師用指導書『共生の授業』（Samlevnadsundervisning）には、「少数派の立場」、「移民」、「障害者」の立場、移民の子どもや障害のある子どもへの授業、人生、性に関する価値とその相違など多岐にわたる内容が取り上げられている。[*9] それは、1969年版ラーロプランには「問う」ことが明記されていたものの、実際の授業の多くが生物学的性の説明が中心となっていたことに対する一手だった。この1977年の教師用指導書の完成により、1980年版ラーロプラン以降は性を人間関係、共生の文脈で捉えることがより明確になったと言ってもいい。

筆者は、スウェーデンの義務教育における「共生」のカリキュラムとその変遷を研究してきたが、60年代は社会民主労働党の「平等政策」に呼応してラーロプランの内容が「男女平等」に焦点化されていたのに対して、1980年版ラーロプランでは同党の「みんなのための学校」（En Skola för Alla）やインテグレーション政策を受けて「障害者との共生」が強調された。スウェーデンでは、60年代までは精神遅滞児・肢体不自由児・感覚器の障害児は「特別教育」のための分離された学校に通っていたが、その後、聾学校（Dövsskolan）以外の特別学校（Specialskolan）は廃止され、多様な形で一般の学

＊8　社会学者の野口は、「共生」を「過程」「価値志向的な行為」と述べている。さらに、野口はある時点・地点で「共生」が実現されたと判断することは「欺瞞的」だと指摘している。詳しくは野口道彦・柏木宏編（2003）『共生社会の創造とＮＰＯ』明石書店を参照されたい。

＊9　Skolöverstyrelsens Handledningar (1977). *Samlevnadsunervisning*, Liber Läromendel.

校に統合された。聾学校のみがいまだに存続しているのは、聾の子どもたちにとっての第一言語である手話での対話の場を保障するためだ。[*10] 言うまでもなく、言葉はアイデンティティである。聾学校の存続は、聾の子どもの権利保障、アイデンティティ尊重の具現化だった。

続いて、1994年版ラーロプランになると民主主義と多文化共生（多様性）に特化した内容となり、2011年版では再び「性」に関わる内容が強調された。ただし、11年版では「男女の共生」を含みつつも「性の多様性と差別撤廃」、「アイデンティティ」が強調されたことは先に述べた通りで、それは22年版ラーロプランに継承されている。このような内容の変遷は、その時々の社会政策と呼応していて、その意味では社会的ニーズとしてのカリキュラムなのだ。

言い換えるなら、スウェーデンのカリキュラムには、どのような社会を目指すのか、どのような価値を大切にする市民に育てたいのかという理念、グランドデザインがあるということだ。日本においても、どのような社会を目指すのか、その理念をベースにした教育のグランドデザインの必要性を痛感する。

＊10　Pijl, Jan(1994). *Sweden New Perspectives in Special Education: A six-country study of integration.* 渡邊益男監訳（1997）『特別のニーズ教育への転換』川島書店、52―58頁。さらに、1980年版ラーロプラン（特別活動解説編）, SÖ（1980）*Läroplan för specialskolan, Kompletterande föreskriter till Lgr1980.* Liber,s.13 に「重度難聴・聾児の手話環境は児童生徒の知識とパーソナリティの発達に重要」と明記されている。

4 制度は整った、ここからは学校、授業への浸透

（1）実態調査――情報の共有

2012年に、2011年版ラーロプランの作成に関わったRFSUのハンス・オルソン（Hans Olsson）に聞き取り調査を行った。オルソンは、「(11年版ラーロプランに）かなり満足している、まだ課題はあるけれど」[*11]と嬉しそうに話してくれた。オルソンが「11年版にかなり満足している」と言うように、ラーロプランという紙レベルのカリキュラムでは、かなりのところまで理想に近づいているのだろう。けれども、授業への浸透となると、進んでいる学校とまだまだの学校が混

写真3　聞き取り調査に応じてくれたオルソン　2012年9月17日撮影

＊11　2012年9月17日にストックホルムのRFSUでオルソンに実施した聞き取りの調査記録より。

在しているようだ。事実、いい授業を受けたという子どもの声、十分ではなかったという子どもの声の両方が紹介されていた。

写真4　RFSUの壁面のパネル
2014年9月10日撮影

（2）課題解決に向けて

課題解決のために、国は2019年に5千万スウェーデンクローナの予算を学校庁、RFSU、教員組合、生徒組合につけ、改善に向けての取り組みを推進した。予算化は、「これでもか、これでもか」と諦めずに進めようとしていることを物語っている。すぐに課題を改善するための予算がつけられたこと、その迅速な対応に驚いた。限られた国家予算の配分をどうすべきかを考える観点からも興味深い事実である。その予算は、研修会の実施、そして生徒を活用した視聴覚教材[*12]を開発するなど、具体的な活動に使われていた。

2019年12月4日にRFSUを訪問した際、RFSUは「BODY RIGHTS」、「EMPATHY」など、複数のメッセージが書かれたマグカップやTシャツ、パネルを作って独自のキャンペーンをしていた。こちらは、RFSU独自の予算を使って行なったものである。

＊12　例えば「16歳の男の子が彼のガールフレンドをめぐって男友達ともめているシーン」（2分30秒）鑑賞後に、どうするか、友だち同士の関係について討論するようになっている。他にも複数作成されていて、RFSUのサイトで観られるようになっている。

オルソンが「BODY RIGHTS」と書かれたキャンペーン・マグカップをプレゼントしてくれた。

「マグカップにお金を使うの?」と思うかもしれないが、筆者の勤務校（宮城学院女子大学）がMtF（トランス女性）学生を迎え入れるのを表明するにあたり、多大なる貢献をしてくださった心理学者の梅宮れいか氏から、以下のようなコメントが寄せられた。

「そのマグカップでお茶している人を見ただけで、当事者は安心しますね」

もう一つ、RFSUのオフィスに飾られていた写真を紹介したい（コラムの写真参照）。写真の女性は、1933年にRFSUを立ち上げたエリーゼ・オッテセン－イェンセン（Elise Ottersen-Jensen）。[＊13] 創始者が今のRFSUスタッフに「頑張れ!」とエールを送っているかのような写真である。イェンセンが協会のモットーとして掲げた内容を紹介することで、この項を締めくくりたいと思う。

「私は夢みます。いつか生まれてくる全ての子どもが喜びと共に迎えられ、男性と女性が平等であり、性の営みが真実、満足、そして思いやりの表現で語られることを」

そして、当時の協会成立の活動目標として以下の4点が挙げられている。

05

写真5 オルソンからのプレゼント（キャンペーン・マグカップ）2021年5月31日撮影

＊13 イェンセンは、性教育への理解が浅かった時代に、その必要性を説くために学校を訪問した。反対する校長もいたが、諦めることなく粘り強く学校をまわり、教師たちの理解と支援の輪を広げたと言われている。1944年には学校で性教育を実施することが認められ、1956年に義務化となった。彼女の原動力になったのが14歳で出産し、その後自ら命を絶った妹の存在だったと言われている。詳細はビヤネール多美子（2000）『スウェーデンの性と性教育』十月舎、164頁。さらに、イェンセンは、ノルウェーからの移民で、国が作成した移民の人のための本の中でも、その活躍が紹介されている。STATENS INVANDRAVERK(1986) SVERIGE-ensamhällsorientering för invandrare

①小学校1年生からの性教育の実施。
②既婚、未婚にかかわらず全ての人が避妊具を入手できるようにする。
③合法的中絶ができる。
④ホモセクシュアルを合法化する。

イェンセンが先のモットーを掲げた時代と今は社会のあり様が変わっているが、新たな課題に直面し、それを乗り越えようとしているスウェーデンの葛藤と健闘に今後も注目していきたい。

5 子どもの参加の背景

（1）コーポラティズム（Corporatism）の政治形態――合意形成のプロセスと目的の共有

スウェーデンの総選挙の投票率は、2018年が87・2％、2022年が81・3％であった。選挙が近づくと各政党のブースができて、自由に政策について対話ができるようになっている。写真6を見てわかるように、明らかに選挙権を持っていない子どももブースを訪ねている。このような「場」があり、自由に参加できることも主権者を育てる環境になっている。

さらに、子どもの参加が実現している背景として、合意形成を大切にした教育改革のプロセスを挙げることができる。調査研究の結果を基に議論を重ね、妥協点を見出していくこの政治技法は、コンセンサスポリティクスとも形容される。そもそもスウェーデンは、教育改革にかかわらず、民間の営利団体が直接関わるコーポラティズムの政治形態を選択している。政治決定のプロセスに世論の声を反映させるために文書による意見聴取や利益団体や行政機関の長を委員会に招いて意見を求めたりするレミス（Remiss）という制度があり、生徒の参加もこの文脈で理解するとわかりやすい。このように、社会の様々な利益団体を擁護し政治決定に巻き込むことによって、世論と利益の調整を図り政治的合意形成[*14]を図っているのだ。レミス制度は時間を要するが、決定までのプロセスに利害の異なる国民が代表を通して参加するため、合意されれば、あとは事がスムーズに進む。その土台になる法律が、1976年6月に制定された『共同決定法』（Medbestämmandelagen, MBL）である。この法律の制定以降、合意と共同が強調され、1980年版ラーロプラン作成委員会は、62年、69年版ラーロプラン作成時よりも幅広い人選となっていて、80年版ラーロプランのためのレファレンス・グループには、高校生徒組合（SECO）とスウェーデン生徒協会（SFSP）の代表が入っていた。[*15]

写真6　政党のブース いたるところに複数の政党のブースができて、子どもも大人も自由に対話できるようになっている。2014年9月10日撮影

＊14　政治決定の際には、その都度調査委員会、特別委員会が立ち上げられ、討議用文書、報告書、公開討論など、様々な立場の人の声を反映させながら作業を進めるようになっている。詳しくは前掲書（＊7）戸野塚厚子（2014）183、286―294頁を参照されたい。

＊15　同右書　戸野塚（2014）、172―175頁。

（2）合意形成を重視した教育改革

「ラーロプランは突然空から降ってくるのではない。作成していくプロセスが大切なのだ。そうすることで、教育実践への浸透がうまくいく」[*16]

これは、ストックホルムの学校庁（Skolverket）で2011年版のラーロプラン作成で中心的な役割を果たしたニクラス・ヴェスティン（Niclas Westin）の言葉だ。

時間と手間はかかるが、決定までのプロセスで目的が共有され、施行後の浸透、理解は早い。事実、基礎学校の教師に聞き取り調査をした際に、どの教師もラーロプランの変更点とその理由を的確に説明してくれた。

調査に基づいて議論を尽くし、情報公開が行われ「見える政治」、「わかりやすい政治」、「参加の政治」を目指していて、それがラーロプラン改訂の前提になっている。このことは、1969年にOECD調査団がスウェーデンの教育政策論議の特徴は、科学的調査の導入であると述べたこととも一致する。[*17]

コーポラティズムの政治形態は、教育政策に限らずスウェーデンにおける全ての政治課題の解決方法であり、高負担主義を前提とした福祉を実現していく上での絶対条件[*18]である。政治に対する市民の納得と信頼がないと高負担は成り立たない。未来の社会を担う子どもたちの教育、そしてその政策についても、教育関係者のみならず、あらゆる立場の人たちと対話し、その声に耳を傾ける。

ところで、日本の学習指導要領改訂のプロセスに、あらゆる利益団体の声が反映され

＊16　2011年10月31日にストックホルム大学の学校庁でヴェスティンに実施した聞き取り調査記録より。

＊17　OECD（1969）. Reviews of National Policies for Education, Paris: OECD, p.17

＊18　岡沢憲芙（1994）「生活大国スウェーデンの理念と社会システム」福祉文化学会編『スウェーデンから何を学ぶのか』ドメス出版、174―175頁。

るような機会はあるのだろうか？教育実践の現場にいる先生たちは、どのくらい議論に参加できているだろう？　意見を言うシステムはあっても、形式的になっていたりしないだろうか？

子どもの声、教師の声に耳を傾ける改革を諦めずに言い続けなければならないし、学習指導要領改訂プロセスのさらなる研究[*19]が必要である。

＊19　スウェーデンのラープラン改訂システム、プロセスに関する研究は学習指導要領改訂システムを再考する上でも有用だと考えている、詳しくは前掲書（＊７）戸野塚厚子（２０１４）183、286―294頁を参照されたい。

6

アストリッド・リンドグレーンからのメッセージ

本章を締めくくるにあたり、アストリッド・リンドグレーン（1907－2002）が描く子どもに触れておきたい。子どもの参加の実現には、子どもという存在をどう捉えているか、要は子ども観が大きく関わっている。子どもたちとの関わりや学校を再考する必要がある。その際のヒントが、彼女の作品に内包されている。

『長くつ下のピッピ』、『やかまし村の子どもたち』、『ロッタちゃん』など、すでに作品と出会っている方も少なくないだろう。そこに描かれている子どもの姿、大人と子どもの関係から、リンドグレーンの子ども観を学び、触発されたのは私だけではないはずだ。何より多くの子どもと大人がピッピやロッタちゃんを好きになっていることが全てだ。

私が初めて『長くつ下のピッピ』を読んだのは、小学校2年生の冬休みだったと記憶している。

若き高校教師だった叔父が冬休みで帰省をしていて、いっしょに読もうと薦めてくれたのだ。

ピッピは世界一強い、愛と勇気にあふれた子ども。それだけに、大人の思い通りにはならない。

ある時、お行儀の悪いピッピに失望している先生に向かって、次のように言った。

「ねぇ先生、わかってね。ママは天使で、パパは南の島の王さまで、生まれてからずっと7つの海を旅してきた子どもは、学校でリンゴやハリネズミに出くわしたら、どういう風にしたらいいかわからないって」[20]

「私は困った子ではない、困っている子よ」と伝えたのだ。

続けて、ロッタちゃんにまつわるエピソード。

映画『ロッタちゃん　はじめてのおつかい』に登場するロッタちゃんは5歳。もちろん、ピッピ同様、ロッタちゃんも大人の思い通りにならない。ある日、お母さんと喧嘩をして、隣のおばさんの所に家出をする。おばさんは2階の物置きを提供するが、それ以上手をかけない。お父さんとお母さんが来てロッタに「淋しい」と伝えるが、「お母さんに謝りなさい」とは言わずに「おやすみ」と言って帰っていく。暗い2階の部屋で恐怖を感じながらロッタは、ぬいぐるみを抱いてベッドに入る。

＊20　アストリッド・リンドグレーン（菱木晃子訳）（2018）『長くつ下のピッピ』岩波書店、69頁。

日本同様、スウェーデンも地域や隣人との付き合いのあり様は変化している。それでもなお、ロッタちゃんのこのエピソードは、大人と子どもの距離、関係を考える上で示唆的だと思う。

「大人は、子どもを見守りながら（信じて）待つ」

リンドグレーンは、1978年にドイツ書店協会平和賞を授賞した際の記念講演『暴力は絶対にだめ！』（Never Violence!）で「解決には暴力以外の方法があることを、まずは家庭で示さなければならない」と訴えている。その一部を以下に引用する。

「（前略）時には戦争になったかもしれません。たった一人の権力欲、あるいは復讐心、あるいは虚栄心、あるいは強欲、あるいはこれが最もありふれているようですが、あらゆる状況において最も効果的解決策として暴力を過信することによって。同様に、たった一人の良心的で思慮深い人物が、暴力に訴えないことによって、大惨事を回避できることもあるのです。これは、たったひとつの結論になるかもしれません。世界の運命を決めるのは個々の人間だということです」[*21]

それにしても、あの時、叔父はなぜ『長くつ下のピッピ』、リンドグレーンの本をいっしょに読む本として選んだのだろう。私は、スウェーデンの学校教育を研究し、ピッピの国を訪問する研究者になった。たくさんのことをいっしょに学んだ叔父はすで

＊21　アストリッド・リンドグレーン（石井登志子訳）（２０１５）『暴力は絶対だめ！』ＯＥＣＤ、岩波書店、16―17頁。

にこの世にはいないが、時折、懐かしく思い出し、私を受け入れ、応援し続けてくれたことに感謝している。

私は約30年の研究を経て、「子どもの知る権利と参加」、「大人と子どもの関係」、「子どもという市民の存在」を再考し、同じ社会を生きる仲間として子どもと対話していきたいと思っている。

「独裁」ではなく「民主主義」、「民主主義」を死守するためにも、それを学ぶことが必須である。大人は子どもにとっての独裁者、権力者になってはならない。「民主主義」は社会の土台、社会で育つ子どもの参加を忘れてはいけないのだ。

コラム11

全ての子どもが喜びと共に迎えられるように——ＲＦＳＵ創立者エリーゼ・オッテセン＝イェンセン

スウェーデンの性教育は、基礎学校が成立する1962年より前の1955年に始まる。

その義務化に大きな役割を果たしたのがエリーゼ・オッテセン＝イェンセン、その人である。学校を回って性教育を行ない、必要性を説いた。この草の根運動が義務化に果たした役割は大きい。ビヤネール多美子は『スウェーデンの性と性教育』（十月舎、2000年）の中で、イェンセンが性教育協会を立ち上げた動機として、妹が妊娠出産し、牧師だった父親がその子を養子に出してしまったこと、その後、妹が精神を病み自殺したことを挙げている。イェンセンは、「性に対して何もできなければ、このような不幸な結果になる」と考えて、労働組合や医師、政治家と協力してＲＦＳＵを立ち上げた。ＲＦＳＵは、避妊具販売で収入を得ているが、それらはデザイン性が高いものばかりであった。

ＲＦＳＵで働く職員は、様々な研修に携わっている。さらに、先に紹介したオルソンは学校庁からの要請でラーロプランの作成に関わった。ラーロプランで定められていることが、授業に浸透しているかどうかを評価する役目も果たしている。ＲＦＳＵは、国の定めるカリキュラムをリードする組織になっているのだ。

イェンセン
2019年12月4日撮影

コラム12

ピッピの母
「アストリッド・リンドグレーン」

リンドグレーンの作品は、母国スウェーデンのみならず、世界70カ国語以上の言語に翻訳され、100以上の国で出版されている。

スウェーデンの20クローナのお札には、リンドグレーンの顔写真とピッピが描かれているし、2023年10月にストックホルムを訪問した際、アーランダ空港の入り口には、彼女の顔写真が飾られていて、その写真の横には「ピッピの母」と書かれていた。リンドグレーンが、旅行者を出迎えてくれるのだ。これらの例からも、スウェーデンを代表する人物の一人であることがわかるだろう。

1900年代初頭に、スウェーデン南部のスモーランド地方の自然の中で自由奔放に育ったリンドグレーン。その伝記的映画『リンドグレーン』には、当時の保守的な田舎のしきたりや男女の扱いの違いに息苦しさを感じていたリンドグレーンの姿が描かれている。子どもの頃の理不尽で不公平な経験、暴力（体罰）の経験に憤っていた彼女は、作品の中でそれらを批判している。例えば、『川のほとりのおもしろ荘』[*22]という作品では、鞭をふるおうとした校長に、側にいた子どもが「だめ、だめ、だめ、だめ、だめ。」と涙をためて叫ぶシーンが描かれている。校長を怒らせた子は、校長室の机に置いてあったお財布を持ち出して、クラスみんなのチョコレートを買ったのだった。「だめ」と叫んだ子は、お父さんにその日の出来事を話す。お父さんは、「（お財布を盗むことは）いけないことだ。ちいさい子どもがたまにしてしまうこともあるが……。しかし、そんな子に鞭で教えようとするのはいい方法ではない」ときっぱりと答える。校長に対して「（暴力は）だめ」と声をあげる子どもを登場させているところに、リンドグレーンのメッセージがある。

さらに、私は、映画『リンドグレーン』を通して、19歳で未婚の母となったリンドグレーンが我が子（幼子）が眠る前に自作のお話を聞かせていたこ

リンドグレーン
空港に飾られている写真。20スウェーデンクローナに使われているのもこの写真である。
出典：IMDB

と、それが子どものための文学作品の原点になっていたこと知った。彼女は、子どもの心を大切にした作品をたくさん生み、何より子どもの理解者だった。もっともっとリンドグレーンの世界に学び、出会いたいと思う。

＊22　作品の中で、お財布を持ち出してクラス全員分のチョコレートを買った子どもは、話も聞かずにムチを振り上げた校長に対して「しょんべんつぼめ！」と目をまっすぐ見つめて言い放っている。詳細は、アストリッド・リンドグレーン（石井登志子訳）（１９７６）「ミイア」『川のほとりのおもしろ荘』岩波書店、111―148頁を参照。

第7章

民主主義・平等

1

わたしはわたし、あなたはあなた、ありのままの自分を生きる

スウェーデンの学校では、1年生から「民主主義」を学び、それが学校生活の基礎になっている。

はじめに3つの事例を紹介する。

・低学年の民主主義の時間

ストックホルム市内のマティウス基礎学校（Matteusskolan）低学年のクラスを参与観察[*1]させてもらった時のことだ。子どもたちが2名の議長を選出して「民主主義」の時間を過ごしていた。

「靴は靴置きにいれよう」

＊1　2013年10月18日にマティウス基礎学校での参与観察より。

最初に子どもから問題提起されたのは、教室の入り口にある靴置き場の使い方だった。（写真1）

　このように、子どもたち自らがクラスの課題、学校への要望、それらの解決や実現のために話し合いをするのが「民主主義」の時間。その日は、教室の入り口にある靴置きの使い方から上級生への提案事項など、様々なことを話し合っていた。靴が脱ぎ捨てられたままになっていたり、無理に押し込められた長靴が落ちそうだったり、確かに靴の置き方は、工夫してもよさそうである。教師が注意をするのではなく、子どもの気づきを待っているのは、教師に余裕があるからかもしれない。日本のホームルームの時間に似ているようにも思うが、それを「民主主義」としているところ、子ども主体になっているところに惹かれた。

・校歌

　次は、２０２１年7月2日にストックホルム近郊のリディンゲ市（Lidingö stad）クロッカルゴーデン基礎学校に通っていたフリーダが、Ｚｏｏｍの画面越しに歌ってくれた

写真1　問題提起された低学年の教室前の靴置き
２０１３年10月13日撮影

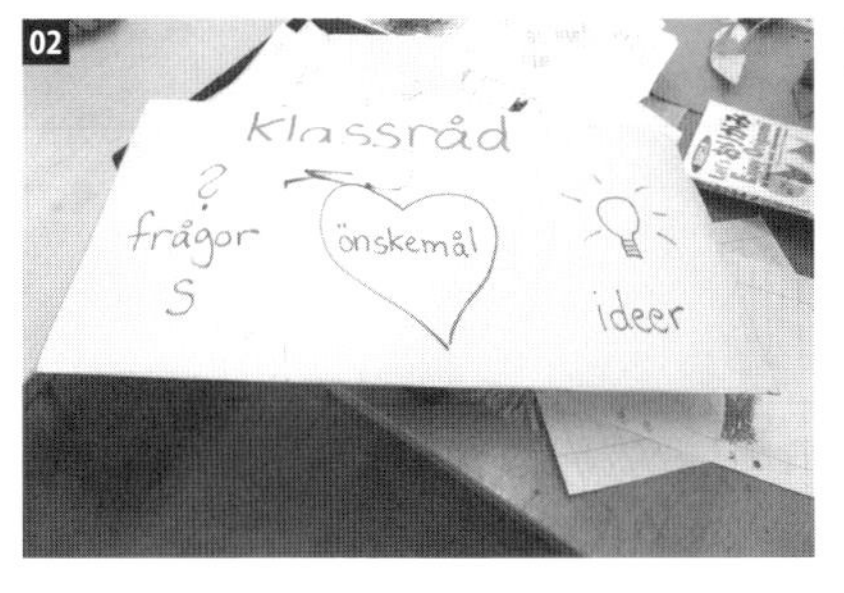

写真2　民主主義の時間に教師が使っていた掲示物
クラス委員会　問い、願い、アイディアと書かれている。
２０１３年10月18日撮影

校歌の一部。

『Du är du（あなたはあなた）』

『Jag är jag（わたしはわたし）』

『Man är olika（人は多様です）』

日本の子どもが歌う校歌に、上述の台詞は見出せそうにない。彼女が通う学校が大切にしているものを歌を通して伝えてもらった。

・そのままの自分でいさせて

最後に、2018年に出版されたサッサ・ブーレグレーン作（枇谷玲子訳）の『北欧に学ぶ小さなフェミニストの本』の一部を紹介したい。この本には、子どもたちが社会に対して抱いた疑問を大切にし、学び合い、社会参加していく姿が描かれているのだが、そこに、子どもたちが3月8日の国際女性の日に「わたしはわたし、ぼくはぼく。そのままの自分でいさせて」[*2]とプラカードを持ってデモに参加している一コマがあった。先の校歌と同様の言葉に「やはり！」と思った。

私もスウェーデンで出会った大切な人から何度となく「あなたがあなたでいられるように」と言ってもらった。その言葉は、今も心に残っている。

このように、幼少の時から、民主主義を学び、ありのままでいられることの大切さ、自己と他者、違いを受け入れること、参加することの大切さが様々な形で伝えられてい

＊2　サッサ・ブーレグレーン（枇谷玲子訳）（2018）『北欧に学ぶ小さなフェミニストの本』岩崎書店、118—119頁。

るのだ。

そして、そのことを支えているのがスカンジナビアンデモクラシーと言われる「民主主義」と「平等政策」によって醸成されていく「平等観」なのである。「民主主義」と「平等」は、学校教育で繰り返し学ばれていることで、その成果が社会に浸透しているといっても過言ではない。１９８７年にスウェーデンの入国管理局が、移民の人たちのために作成した『SWEDEN』という２４５ページの冊子がある。その中でも数ページにわたって「スウェーデンの民主主義」について説明されている。このことからも、スウェーデンに暮らす全ての人によって民主的な社会が維持されていくことを強く意識しているのがわかる。

2 民主主義と教育の主導価値

2000年以降、スウェーデンの基礎学校では民主主義の重要性が強調されている。具体的な例として、2000年に学校庁（Slolverket）が『スウェーデンの教育における民主主義』（Democracy in Swedish Education）を出版し、2002年には『学校でデモクラシーについて会話するための基礎的価値の本』（Värde grinds boken om samtal för demokrati i skolan）を全こども園（保育園）と義務教育学校に配布したことが挙げられる。

スウェーデンの教育の主導価値は「自由」「平等」「機会均等」「平和」「安全」「安心感」「連帯・協同」「公正」[*3]と言われているが、その価値を実現するために民主主義は必須であり、基礎なのだ。

*3 岡沢憲芙（1991）『スウェーデンの挑戦』岩波書店、84―87頁。

（１）基礎学校の民主主義の授業

２０２３年10月5日にエング基礎学校の1年生（23名）、２０２２年11月9日に6年生（25名）の「民主主義」の授業を見学する機会を得た。1年担任のシロウと6年生担任のトーマス・リングヴィスト（Tomas Lindquvist）による授業である。シロウはストックホルムにある日本の旅行会社に勤めた後に教師になった。日本での生活経験があり、子育て中の母でもある。リングヴィストは、6年B組の担任だが、6年生の社会の授業は全て彼が担当している。教師になって10年、エング基礎学校に勤務して9年目である。他の教師をサポートするリーダー的存在で、その働きに５０００SEK／月（約６５０００円）の手当てがついていると話してくれた。

最初に、1年生の「民主主義」の授業記録を紹介しよう。

1年生『民主主義』(Demokrati) の授業

オリエンテーション社会（SO）の授業　12時―12時40分（一斉授業）

Demokrati i skolan（学校の民主主義）

SOの学習材を配布。P12 .Demokrati i skolan（学校の民主主義）のページを開く。

同様のページをホワイトボードに大きく映し、教師が読む。

教師：学校での決定は、校長と先生だけで行うものではありません。子どもにも決定権があります。全員で集まり、いっしょに決めることを「デモクラシー」（民主主義）と言います。民主主義の反対が「独裁」。彼女または彼が全部決める、その人のことを「独裁者」と言います。そこでは、その人の言った通りに行動します。クラス会とは何だかわかりますか？　議長がいて、質問があったら手をあげる。何かを決める時は、投票をしたりする。例えば、金曜日には楽しい時間がほしいとか、月曜日の外遊びの時はどの公園に行くか、フィルムをみんなで観る時にどのフィルムにするかということを、みんなで決めるということです。みんなで決めたら、私（担任）がどのフィルムを観るとかを決めることはできません。

学習材の「子どもの権利」のイラストを見てください。イラストを見て何を感じますか？

子ども：いっしょに遊んでいる。いろんな国からの友だちがいる。

子ども：スウェーデンの国旗とインドの国旗がある。

子ども：テレース（担任テレース・シロウ）はどう思うの？

子ども：子どもが仕事をしていて、遊べていない。

子ども：法律違反。

子ども：男の子が一所懸命働いている。

教師：してはいけないこと。つまり、子どもは重労働をしてはいけない。FN（国連）の日のためにもっと勉強しましょう。

学習材の記述を参考に、教師は以下のことを確認した。

子どもとは18歳以下の人。
子どもには遊ぶ権利がある。フリータイムを持つ権利がある。
子どもは名前を持つ権利があり、ある国の国民である。
全ての子どもにとって、どこの国から来たとか、男の子か、女の子かなどは関係ない。
子どもは自分の意見を言う権利がある。
子どもは重労働をしてはいけない。
全ての子どもは、みんな同じ価値がある。

次が、6年生の『民主主義』の授業記録である。

6年生『民主主義』(Demokrati) の授業

オリエンテーション社会（SO）『民主主義』の授業開始　8時10分―　8時55分（一斉授業）
教師はDemokrati（民主主義）とDiktatur（独裁）と板書し、以下のように問う。
Q　民主主義と独裁とは何か?
子ども：(民主主義は）大統領、首相がいる、選挙、投票で決める。
子ども：独裁は写真やソーシャルメディアもダメ、自由に発言ができない。
教師：独裁には限界があります。

教師：復習になりますが、どの国が民主主義でどの国が独裁ですか？

子ども：独裁の国は、北朝鮮、中国。

子ども：民主主義はUSA。

Q　民主主義と独裁の例を挙げてください。
　クラス、家、社会、世界の例を挙げてください。

教師：このクラス、または家に民主主義はありますか？

子ども：（民主主義はある）クラス会で話したことを生徒会に提案して話しあうから。

教師：家では誰が主導権を持っている？

子ども：ぼく！

教師（黒板にDemokratiと書く）：民主主義にはどんなことがありますか？

子ども：投票。

さらに教師はFolket får rösta（国民が投票する）と書く。

教師：投票は誰でもできるのでしょうか？　男性、女性、高学歴の人とそうでない人、年齢によって違いますか？

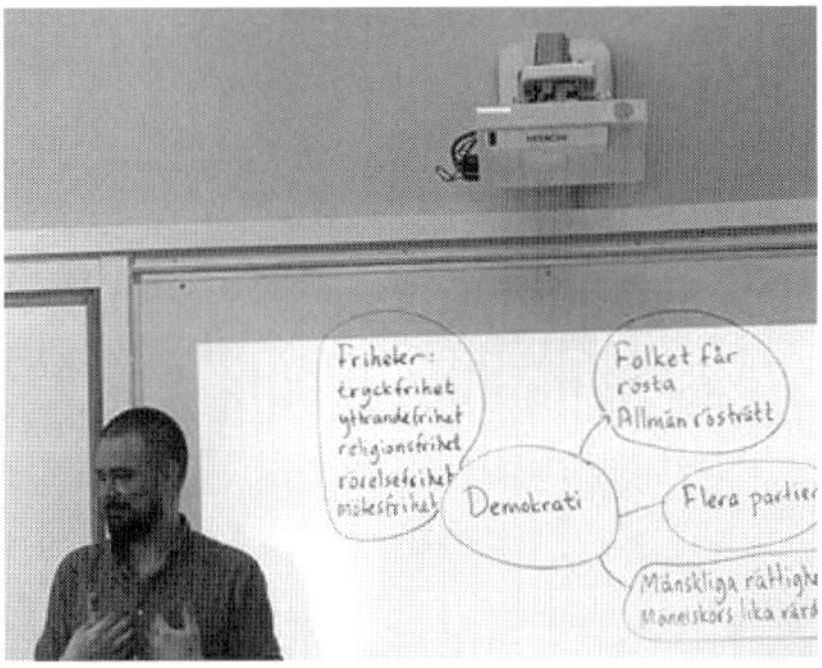

リングヴィストと民主主義の板書（OHP）

子ども：18歳以上は誰でも投票できます。
教師はAllmän röst rätt（誰もが投票する権利）を書く
Mänskliga rättigheter（人間の権利）、Människors lika värde（人間は皆同じ価値を持っている）と書く。
教師：刑務所にいる人も投票できますか？
子ども：ＮＯ！
教師：アメリカではそうだけれど、スウェーデンは刑務所にいても投票できます。
間接制（代理制）民主主義、直接制民主主義を説明する。
Q　民主主義には他にどんなことがありますか？
子ども：たくさんの政党があること。
教師はFlera partier（複数の政党）と書く。
教師：他の国では沢山の政党が認められていない国もあります。
子ども：自由がある。
教師：自由とはどういう意味でしょうか？
子ども：表現の自由。
子どもの意見を受け止めながら、Demokrati（民主主義）をコアに、以下のことが書かれていく。
○Friheler（自由）：Tryckfrihet（報道の自由）、Yttrandefrihet（表現の自由）、religionsfrihet（宗

教の自由）、rörelsefrihet（移動の自由）、mötesfrihet（集会の自由）と書く。

○国民投票
○複数の政党
○人間の権利（人はみな価値がある）
○正当な裁判
○賄賂なし

独裁国では10人以上の集まりが禁止されています。

＊移動の自由のところで、コロナの時にはスウェーデンにも行動制限があった。県をまたぐなという制限があった。自由だからといって人を非難したり、何をしてもいいということではないという説明、子どもとのやり取りをしている。

その後Wikipedia掲載の民主主義指標（Demokratiindex）の資料[*4]を見ながら、民主主義国の1位がノルウェー、2位がニュージーランド、3位がフィンランドで4位がスウェーデンであることを確認。

OHPで示された民主主義の板書の完成版

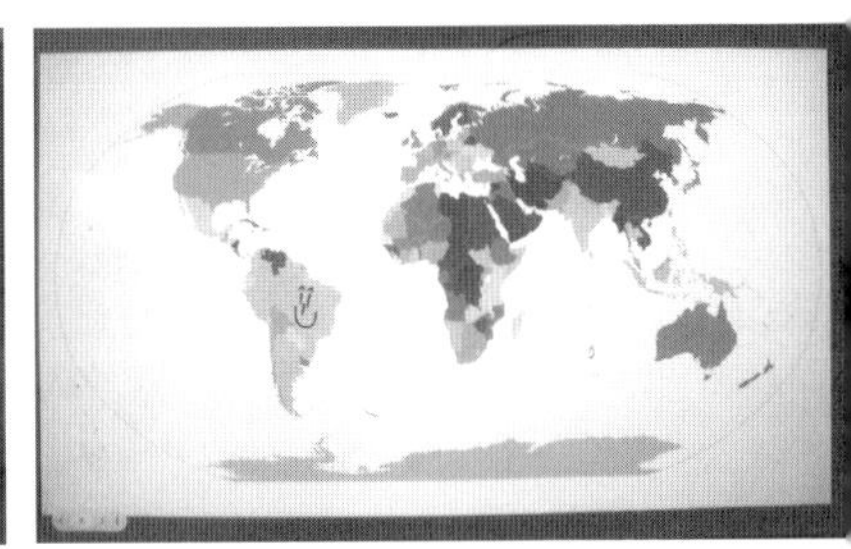

Wikipedia掲載の民主主義指標を基に色分けされた世界地図

＊4　2022年の民主主義指数。イギリスのエコノミスト・インテリジェンス・ユニット（EIU）が5つの指標（選挙過程の多元性、政府機能、政治参加、市民の自由度、人権擁護）からランキング、対象国167ヶ国。2023年の結果は、1位ノルウェー、2位フィンランド、3位アイスランド、4位スウェーデンである、日本は16位、イギリス18位。

パワーポイントと同じ資料を使って世界の民主主義国と独裁国についてグループで話し合う。
民主主義と独裁国の色分けされた世界地図を見せる。
＊独裁的な国になる程、暖色が濃くなっている。
8時55分
教師：15分休憩します。質問のある人は来てください。
一人の男子が先生に質問しに行く。他の子どもは外に出ていく。
9時10分授業再開
PPT「デモクラシィーの長所と短所？」（Vilka är fördelarna och nackdelarna med demokirati?）を使っての話し合い後に、そのまま宗教の時間に移行する。

授業後の聞き取りで、リングヴィストは「自分は高校の教師をしていたこともあり、6年生にとっては少し説明が多すぎるのかもしれない」[*5]と話してくれた。

ラーロプランは一貫して、「教育は人権の尊重とスウェーデン社会を支えている基本的な民主主義価値観を伝え、根付かせなければならない」ことを強調している。見学した2つの授業は、まさにそれに呼応するものであった。そして、1年生も6年生も民主主義と独裁をとりあげている。このように、大切なことは繰り返し、スパイラルカリキュラムとして取り上げられる。

＊5　2022年11月9日にエング基礎学校の6年Aクラスの教室でリングヴィストに実施した聞き取り調査より。

（2）独裁制との対比で民主主義を学ぶ

民主主義を独裁制との対比で学んでいたことが、興味深い。社会科学者鈴木賢志も、スウェーデンの学習材が民主制を理解するために独裁制を引き合いに出していることに注目している。氏が紹介したスウェーデンの学習材によれば、独裁制の説明は以下のようになっている。

・独裁制に共通しているのは、社会の中である集団だけが権力をもっており、他の人々には権力がないということです。（中略）独裁制における権力者は、自分が権力を維持するために、国民には国の統治や法律について疑問を持たせないようにしています。

・多くの場合、一つの政党にしか投票できないか、投票する権利がありません。共通で平等の投票権がないのです。

・表現の自由がありません。あえて抵抗しようとする人々は、長い間拘束されるか、死刑にされます。独裁制のもとでは、国民は自分の意見を表現するのを恐れるようになります。

・メディアは全て管理されています。放送や出版には全て検閲があります。[*6]

そして、鈴木は、独裁制は日本には縁のない話だと思っている人が多いかもしれないが「国民には国の統治や法律について疑問を持たせないようにしています」とか「メディアは全て管理されています」といったあたりは、わが国も決して無縁とは言い切れ

＊6　鈴木賢志（2019）「スウェーデンの主権者教育」『みんなの教育　スウェーデンの「人を育てる」国家戦略』ミツイパブリッシング、169―170頁。

ないのではないかと投げかけている。[*7]

スウェーデンでは、基礎学校低学年から民主制、民主主義を学ぶ。紹介した1年生と6年生の『民主主義』の授業も、先述の学習材同様、独裁との対比で民主主義を学ぶ内容になっていた。独裁制を許さず民主制を守るために、何が独裁なのか、民主主義とは何なのかを学ぶ必要がある。そして、その学びは学校のカリキュラムだけでなく社会の中にもある。独裁を許さないためにも、知ること、批判的精神を育むことが重要なのである。

＊7　前掲書（＊6）鈴木（2019）、170頁。

3 全ての子どもは等しく尊い——ラーロプランの理念

(1) 学校の価値基準

スウェーデンの国レベルのカリキュラムであるラーロプランは、2011年版が2022年に改訂された。改訂が行われても、ラーロプラン第1章「学校の価値基準と任務」は変わらぬままである。以下に、一部抜粋する。

人間の生命の不可侵性、個人の自由と尊厳、全ての人間が同価値であること、女性と男性との間の平等、弱き者や貧しき者への連帯感などといった価値観は、学校が表現し伝えるべき価値観である。(中略)他人への理解と共感する能力を学校は育まなければならない。学校では、性別や民族性、宗教もしくはその他の信仰、性的指向や機能障害をその理由として差別、その他の侮辱的な扱いを受けることがないようにする。

Skolverket（2011）.Läroplan för gurundskolan, förskoleklassen och fritidshemmet, s.7.

この記述は、1994年版のラーロプランの第1節「基礎となる価値観」とも全く同じ文言で、この間のスウェーデンの学校が大切にする平等、多様性の尊重、連帯の価値観は一貫している。そして、差別撤廃が強調されている。

（2）多様性の尊重――全ての授業、学習材に多文化的観点を！

・貧さの中のスウェーデン人移民

随分前になるが、スウェーデンとデンマーク合作の『ペレ』（Pelle, 1987）という映画を観た。19世紀の貧しかった北欧、デンマークの農園で働くスウェーデン人移民の親子が描かれていた。原作はプロレタリア作家マーティン・アナセン・ネクセ（Martin Andersen Nexø）。ラストシーンで、親を残して農場を去る、他国に希望を求めて寒空の中を歩いていく子どもが映し出されている。その姿が重く、とても印象的だった。スウェーデンは、貧困に耐えられず、多くの人が海外に流出していった経験を持っている。今のスウェーデンは、難民・移民の受け入れが進んでいる「手厚い国」となり、当時と真逆の国になった。スウェーデンが難民・移民を迎えいれる背景には、過去の辛い経験がある。

スウェーデンに行くと、「日本では、どうして難民の受け入れが進まないの?」と質問され、答えに窮することもしばしばだ。ストックホルム中央駅で、難民の人たちが乗った列車を待つ、受け入れ担当の人たちを見かけたのも1度や2度ではない。

その一方で、難民・移民が増えていくことに対しての反対もある。2022年9月の選挙で、8年ぶりに社会民主労働党が主導する中道左派から穏健党主導の中道右派へと政権交代になった。連立政権中道右派の中には移民政策の転換を求めるスウェーデン民主党が入っている。超右派のスウェーデン民主党は「移民の増加で治安が脅かされている」と主張していて、今後の動向に目が離せない。

・移民を受け入れる国「スウェーデン」の姿勢

スウェーデンは、1997年に政府が「民族的・文化的多様性(etnisk och kulturellmångfald)はあらゆる政策の出発点である」という姿勢を示して「移民政策」(Invandrepolitik)から「インテグレーション政策」(Integrationspolitik)へと転換を図った。[*8] 移民を区別して政策の対象とするのではないということが強調されたのである。日本でも、「インテグレーション(Integration, 統合)からインクルージョン(Inclusion, 包摂)へ」というスローガンは掲げられているが、スウェーデン語のインテグレーション(Integrering)には、そもそもインクルージョンの

*8 Prop.1997/98:16, *Sverige, framtiden och mångfalden-från invandrapolitik till integndrarerationspolitik.*

意味も内包されている。

９４年版ラーロプランでは、「多文化共生」の観点が強調された。なぜなら、１９８５年に国会が全ての授業、学習材に多文化的観点を入れることを決定したからだ。１９８６年には、国立教材情報研究所（ＳＩＬ）が政府公式調査（答申）『授業と学習材における多文化の観点』を提出している。そこには「教師の重要な役割の一つは、子どもに国際的な理解をさせること、他者とその見解について寛容さを養うこと」と書かれている。

さらに、「スウェーデンの共生の授業は、長い歴史がある。しかし授業内容は、時の経過に伴って変わってきた。私たちは、スウェーデン社会の土台となる価値観を教える。基礎となる価値観を直接問うのではなく、ディスカッションをし、事実を見せる。クラスの中に存在する異なった価値観を出し合い、比較して、たくさんの意見のある豊かな内容の濃い授業にすることである」[*9]と説明されている。

＊9　SIL(1986). INTERKULTURELLT SYNSÄTT i undervisning läromendel, SÖ., s.8.

4 学校は安全で安心できる、楽しい場所

スウェーデンの基礎学校は、多様な子どもたちが共に学ぶ場となっている。

2018年10月、基礎学校の先生とその学校に通うポーランド、スウェーデン、エリトリアがルーツの子どもたちとFIKAをする機会を得た。彼らが異口同音に言うのは「学校が楽しい」、「学校は安全で安心できる場所だ」ということ。中でも、エリトリアにルーツがある子どもが言った以下の言葉が忘れられない。

「スウェーデンの学校は、差別を受けた時にどうすればよいのかを教えてくれた。僕はそのことを絶対に忘れない。」[*10]

多様な子どもの権利を守る学校。そして、差別されたらどうすればよいのかを子どもに教えている教師。スウェーデンでは、移民の子ども、難民の子どもも共に学んでいる。

＊10　2018年10月11日　於ホーカルエングス基礎学校 Hökarängsskolan での聞き取り調査記録より。

学校は、その子どもたちをスウェーデン市民として守り育てているのだ。

１９８７年に出版された移民の人たちのための解説書『SWEDEN』[*11]の前書きには、「スウェーデンに住む全ての人に、機会、権利と義務について理解してもらう必要がある」と書かれている。さらに、スウェーデンの民主主義、政党と選挙、コミュニティ、差別反対、学校、教会と他の宗教、病院と健康サービスなどについて紹介されている。差別反対の項目には、スウェーデンの法律が差別をどう定義しているか、差別にあったらオンブズマンに相談することが説明されていた。

エリトリアにルーツがある子どもが話してくれたことは、一つの学校の特別な教師の物語ではなく、国／社会の理念と政策に基づいて学校が実践していることなのだ。

筆者は、２００１—２００２年にかけて、日本（仙台市）とスウェーデン（ストックホルム市、カルマル市）の小学4年生〜中学3年生の子どもを対象に意識調査[*12]をした。日本（仙台市）は１２９４名、スウェーデン（ストックホルム市、カルマル市）は５４６名で、回収率は１００％だった。

一部を紹介すると、「学校や毎日の生活が楽しいと感じていますか」という問いに対して、「すごく楽しい」と回答した子どもはスウェーデンの方が多かった。これを校種別に見てみると、両国ともに中学生に比べて小学生の方が「すごく楽しい」と回答している。中学生の回答の「すごく楽しい」と「まあまあ楽しい」を合わせるとスウェーデン92・9％、日本78・6％で大差がないようにも思えるが、異なる点は、日本の中学生

＊11　STATENS INVANDRARVERAK（1986）SWEDEN—*a general introduction for immigrants*, Liber

＊12　戸野塚厚子（２００３）「『健康』意識に関する研究—スウェーデンと日本の子どもの比較」『日本教育保健研究会年報』11号、27—38頁。

		すごく楽しい	まあまあ楽しい	あまり楽しくない	ぜんぜん楽しくない	わからない
全体	スウェーデン	69.3	21.8	4.6	0	3.9
	日本	41.4	46.5	7.0	1.3	3.8
校種別	スウェーデン（小学校）	77.8	11.8	5.5	0	4.5
	日本（小学校）	49.3	43.3	4.5	0	2.9
	スウェーデン（中学校）	59.4	33.5	3.5	0	3.2
	日本（中学校）	25.7	52.9	12.0	3.8	5.6

戸野塚（2003）『健康意識に関する研究——スウェーデンと日本の子どもの比較』を基に作成

の場合は「すごく楽しい」という回答が目立って少ないことだ。そして、「ぜんぜん楽しくない」と回答した日本の小学生、スウェーデンの小学生と中学生が0％であったのに対して、日本の中学生に限ってそれが3・8％に及んだ。「あまり楽しくない」と回答した者と合わせると、日本では15・8％の中学生が「毎日が楽しくない」と思っていることがわかったのだ。

楽しくない理由として挙げられたものの一部を紹介する。

（スウェーデン）両親の離婚。学校への不満。自分は何のために生きているのかわからない。

（日本）いじめ。嫌がらせ。クラス、友達との人間関係。無理やり塾に行かされる。好きなことができない。勉強、部活、同じことの繰り返し。

この調査から20年が過ぎた。両国の子どもの意識は変わったのだろうか？学校を「行かなければならないところ」から「行きたいところ」にする必要がある。

上述の意識調査よりもさらに前の90年代のことになるが、ボランティアでタイの農村を訪ねた時に、子どもたちが学校に行くのが嬉しくてたまらない様子で、走って登校していく姿と出会った。あの農村の子どもたちは、まだ学校に行ける喜びを感じているのだろうか。日本の学校をもっと楽しく、登校の喜びを感じられる「場」にしなければならない。日本の子どもたちに「学校が楽しい」「学校は安心で安全な場所だ」と言ってもらえるようにしたい。先の日本の子どもの回答にあった「嫌がらせ、いじめがある、無理やり塾に行かされる、好きなことができない」ことから子どもを解放しなければならない。

学校は平等で、子ども一人ひとりを尊重した民主社会になる必要がある。

コラム13

デモクラシー――理論と実践

民主主義は授業で学ぶだけではない。学校全体が民主的に運営されていて、学校に身を置くことで民主主義を学べると言っても過言ではない。

オリエンテーション低学年学習材には、『学校の民主主義』（Demokrati i skolan）としてクラス会（Klassråd）と児童／生徒会（Elevråd）が取り上げられている。児童／生徒会の記述の一部を紹介しよう。

> **クラスは児童／生徒会の代表を選出する。**学校の全ての子どもが児童／生徒会に参加する。その会議では、クラスから出された様々な提案について話し合う。会議には、校長も参加し、クラスの代表の様々なアイディアや提案を聞くことができる。会議後、全員が議事録で児童／生徒会が話し合った内容を読むことができる。
>
> Göran Körner・Maria Willebrand（2021）*PULS SO-Boken*, Natur och Kultur, s.13.

合意形成のプロセスと情報公開を大切にしたスウェーデン政治の縮小版とも言える。授業で学んだことを学校運営に活かし、実践しているのだ。写真は、基礎学校3年生と行った図書館の展示。『デモクラシー』の本の横に『日本を紹介する本』が置かれていた。私が参与観察に行ったからか、偶然だったのかわからないのだが、日本は民主主義を大切にしている国として紹介されているのだろうか。

学校の図書館の展示　2022年11月7日撮影

コラム14

子どもたちは学び、歌う！

——平和を願う歌

スウェーデンの学校を訪問すると、しばしば子どもたちが歌いながら踊る場面と出会う。子どもたちが「しょう　しょう　しょうじょう寺、しょうじょう寺の庭は」と歌いながら踊って迎えてくれたのも忘れられない思い出だ。「なぜこの歌なの？」と思ったが、日本の歌を探してくれたのだそうだ。「みんな出て来い来い来い」のところが楽しいと言っていた。スウェーデンの子どもたちは、音楽室だったり、教室だったりと場所は多様だが、よく歌い、身体を動かしてリズムをとる。

２０２３年10月に訪問した１年生のクラスでは、10月24日の国連の日に歌う歌を練習していた。

Baden-Baden の「私には夢がある」（Jag har en dröm）という１９８０年代の歌。以下の歌詞で始まる。

「私は戦争のない世界を夢見ている。そこで、私たちは平和の中で共に生きている」「手に手をとってお互いに助けあう世界」

教師は歌について質問はないかと尋ねる。

子ども：「förenas はどういう意味？」

教師：「いっしょに行動する、お互いに認め合うという意味です」

子ども：「兵士たちが隊列を離れたってどういう意味？」

教師：「戦争の時は兵士が列車のようにまっすぐ縦に並びます。そして行進する。兵士たちは戦争を望んでいないので、列から離れるという意味です。戦争のない世界を考えてみてください。その場合、兵士たちは行進する必要はないでしょう？」

意味を理解して、もう一度歌う。「En värld där vi hjälper varandra hand i hand」「手に手をとってお互いに助けあう世界」という歌詞のところでは、手をつないで歌っている子もいた。子どもたちの歌声、そのメロディーが今でも蘇る。音楽、社会、国語の合科目のような「歌の時間」。

「こうして、1年生から戦争のない平和な世界を考えているのか」

このクラスは、23人の子どものうち12人の子どもの母語が、スウェーデン語ではない。そして、この学校には、もちろんウクライナの子どもも在籍している。

コラム15

脱準備教育！
――大学進学、受験の違い

・高校卒業後すぐに大学に行くとは限らない。

かつて、ストックホルムで暮らす知人の子どもが、高校卒業後、母親の友人が経営するお鮨屋で働くことになった。そこに至るまでの詳細は割愛するが、必ずしも本人の希望だったわけではない。就職が決まった時、宮城県の『鮨図鑑』をプレゼントしたのを覚えている。そこで２年間働いた後、彼は学びたいことが見つかり、大学進学を希望した。ただし、高校時代の成績が芳しくなかったので、成人学校で１年間高校の教育内容を必死に学び直して進学を実現したと聞いた。

このように、一度社会に出てから大学に行くケースは珍しくない。スウェーデンで、高校卒業後１年以内に大学に進学する生徒は少なく、進学平均年齢は24歳と言われている。もちろん、年金受給者になってから大学に行く人たちもいる。

・学生の平等を重視した無償制度

日本では主として４年制大学を卒業したものに与えられる学士号、スウェーデンで必要とされる年限は通常３年である。大学には、博士号まで取得できる総合大学（Universitet, University）と、修士号まで取得可能な単科大学（Högskola, University college）がある。「スウェーデンの高等教育の主要原理は平等主義[*13]」と言われていて無償だ。２００１年に制定された法律『高等教育機関における学生の平等待遇法』（Lag om likabehandling av studenter i högskolan）に、性別、民族、出身、宗教、性的指向、健康状態にかかわらず学生は平等であることが定められている。

ただし、留学生については、２０１１年から欧州連合（ＥＵ）／欧州経済領域（ＥＥＡ）とスイス以外の留学生は授業料が徴収されることになった。

大学受験の選択肢に、日本の大学の一般入試のようなペーパー試験はない。全国統一出願サイトを通して受験する。そのサイトから複数大学への出願が可能で、第一希望に合格したら第二希望の大学の審査はなしになる。高校の学業成績で審査されるが、「Högskoleprovet」という18歳になると任意で受験できる有料の統一試験があり、その成績も加味される。「Högskoleprovet」は、スウェーデンの高等教育への入学を取得する手段の1つとして使用される標準化されたテスト、大学入学共通テストである。

社会に出て働いた後の進学の場合は、その職歴も加算される。

・学び直し、再挑戦が可能

高校の成績が悪い場合や文系で卒業した人が理系大学に進学したい場合には、成人学校で高校の授業の学び直しが可能であり、成績が補填される。先の知人の子どもは、数学の成績が悪かったのだが、それ以外の科目も学び直して高校の成績全体を補填させた。いつでもやり直しが可能な制度になっているのだ。さらに、仕事は継続だったり休職したり、状況に応じてだが、進学を理由に解雇されることはない。新卒が必ずしも有利な社会ではないし、在学中は就職活動に時間を割くことなく、勉学に集中することができる。

1991年から施行の進学規則の原則では、定員がオーバーする場合には、志願者の学習意欲によって選抜がなされることになった[*14]と言う。

2018年に政府は、大学入学の方法を拡充するために「Grundläggande behörighetsprovet」という24歳以上が受験できる国家適性試験の試行を決定した。これは、高校卒業程度の学力があることを証明するための試験で、競争の少ない分野の単科大学に入学したい人用の選択肢である。それは、学校教育を通じて基礎資格を取得できていない人のためのもので、高校卒業時の成績や「Högskoleprovet」に代わるものではない[*15]。したがって、同等の成績加算は得られない。

ここまでで、スウェーデンの高校教育は、日本のような大学に入る準備としてあるのではなく、大学受験を有利にするための難関高校受験や予備校は必要ないことがわかる。

高校が偏差値でランキングされることもないし、偏差値が高い高校に越境入学する必要もないのだ。

エリートと非エリートというような分岐教育は行われない。

スウェーデンの中学生は、まず学びたいコースを決め、次に行きたい高校を第３希望まで選択する。選んだ高校の倍率が高い場合には、基礎学校時代の成績で選抜され、第１希望の高校に入学できないこともある。その時は第２希望、第３希望の高校に行くことになる。

高校受験や大学受験の準備のための教育、学校ではなく、心の赴くままに学びや遊びに没頭できたらどんなに良いだろう。手段としての学びから、学ぶこと自体が目的になることを望む。

学校が楽しい所、行きたい所になるためにも！

＊13　中嶋博（１９９４）『学習社会スウェーデンの道標』近代文藝社、124－125頁。
＊14　同右書　中嶋（１９９４）、125頁。
＊15　Universitets-och högskolerådet: Studera.nu https://www.studera.nu

FIKA

第8章

葛藤、そして未来

スウェーデンを訪問すると、学校教育制度やその環境を「羨ましい」と思うことが多かった。筆者が理想とするものがそこにあったからだろう。

ただ、これまで紹介してきたそれぞれのエピソードからもわかるように、スウェーデンも理想の社会、学校を問い続け、そこへと進むために葛藤し、試行錯誤を繰り返している。もちろん課題も抱えている。そして、その都度、委員会を立ち上げ調査に基づいた議論と合意形成に膨大な時間をかけていることもわかってきた。

1969年に、OECD（経済協力開発機構）調査団が「（スウェーデンの教育改革の特徴は）教育政策論議における科学的調査の導入と政治的合意形成にある」[*1]と報告している。以降、2022年のラーロプラン改訂に至るまで、学校教育に対するバイアスを避け、調査結果を踏まえた上での議論を重視してきた。それが確かな改革につながっていると言えるだろう。

筆者の研究テーマである「共生のカリキュラム」についていえば、マイノリティとの共生のため、1960年代から偏見や誤解を払拭するための学びを積み上げている。そして、その内容は雪だるま式に大きくなってきている。当たり前のことだが、汗をかかず「今」があるわけではないことが、調べれば調べるほどよくわかってくる。

「No pain, no gain」

本章では、スウェーデンの学校の葛藤、課題を紹介し、そこから学校の未来を展望する契機としたい。

*1　OECD (1969), Review of National Policies for Education, Paris: OECD, p.17

1

自由と管理のバランス――格差をどう乗り越えるか

（1）私たちは車を製造しているのではない、人を育てているのだ！

最初に、2015年に研究協力者のゴットフリッズソンが務めていた基礎学校（高学年）を訪問した時のエピソードを紹介する。

FIKAの時間に教師たちが日頃の不満を口にしていた。話題は校長が設置した「職員室の掲示板」。その存在を「管理的だ」と言って批判していたのだ。週の予定、計画など、校長が書き込むことについて「学校は、自動車工場ではない。毎日、同じ工程で作業することは教育に馴染まない。私たちは一人ひとり違った子どもを育てているのだから」、「そのとおり。教師は自動車製造工ではない」と。日本の職員室にごく普通にある掲示板で、少なくとも、筆者はその批判を聞いたことはなかった。

当時ゴットフリッツズソンが勤務していた学校は、ストックホルムの優秀校にノミネートされた4校のうちの1校である。1994年版ラーロプラン時代に、高校の科目である「人生の知識」(Livskunskap)を悩み多い中学生にと社会科の教員たちが独自のカリキュラムを開発し、その実践と将来性が学校庁(Skolverket)から評価されたのだ。ところが、2011年版ラーロプラン以降、再度訪問した時には、残念なことにその取り組みが終了していた。ゴットフリッツズソンは、「教員の持ちコマ数オーバーなど様々なことが重なって、継続できなくなった、残念だ」と話してくれた。冒頭の先生たちの嘆きは、掲示板をきっかけに、噴き出てきたものなのかもしれない。

そういえば、以前、別の基礎学校で教科横断型学習を推進するための掲示板を見たことがある。

その学校では、「愛」というテーマに複数教科がアプローチしていたのだが、国語、社会、理科、音楽など、今日はどんなことをしたのか、明日は何を学ぶのかなどを書き込んで教科間の連携を図っていた。それは教科横断型の学びを創るための掲示板であり、ゴットフリッツズソンの学校のものとはコンセプトが全く違う。

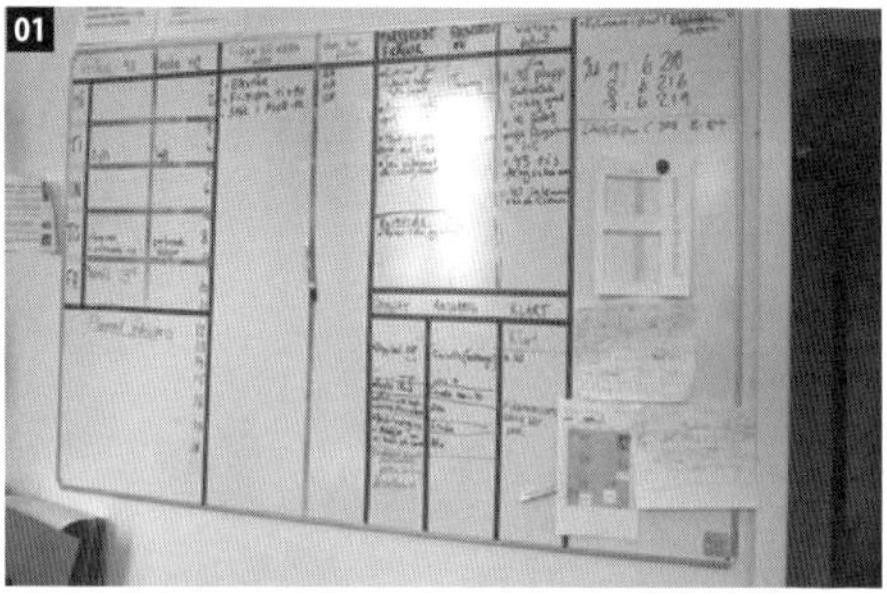

01

写真1　基礎学校（高学年）の職員室の掲示板
2015年10月14日撮影

（2）2011年版の管理強化へ——1994年版で生じた学校間格差を乗り越えるために

前述の掲示板の例には、校長個人の教育観だけでなく、ラーロプランの改訂も関わっていると考える。

2006年の総選挙で、スウェーデン社会民主労働党から中道右派連合へと政権交代がなされた。穏健党、自由党をはじめとする中道右派の新政権は、2011年版ラーロプランを制定し、17年間続いた1994年版ラーロプランに終止符を打った。

2011年版ラーロプランは、これまでの教育理念、学校の基礎的価値を継承しつつも、1994年版によって生じた学校間格差を乗り越えるため、国による管理、評価を強化したものとなっている。

・管理が強化された2011年版ラーロプラン

2011年版の作成に携わった学校庁のヴェスティンは、「11年版は94年版よりも規制を強化したが、バランスを考えた改訂にした。指差し確認をするような規制、制限をするつもりはないが、2011年版がうまくいかない時にはさらに規制を厳しくする可能性はある」[*2]と話した。この説明からも、1994年版の自由裁量から管理を強め、格差是正に舵を切ったことがわかる。

2011年版をもう少し説明すると、評価とテストが変更になった。具体的には、成績（評定）の記述が詳細になり、3年生終了時に、算数、社会、スウェーデン語、自

＊2　2011年10月31日にストックホルム市内の学校庁（Skolverket）でヴェスティンに実施した聞き取り調査より。

然（理科）に関しては、国のテストを受けることが義務づけられたのだ。そして、94年版では8年生と9年生で実施されていた評定を7、8、9年生でも行うことになり、2013年からは6年生段階での評定も義務づけられた。

・学力調査の回数を増やしても学力は向上しない。

それに対して、教員組合は、「豚は体重を量る回数を増やしたからといって体重が増えるわけではない」（Grisen blir inte tjockrare för att vi mäter den ofta）と言って反対した。成績をつける時期を早めて、学力調査の回数を増やしたからといって、子どもたちの学力がアップすることはないという主張である。先の基礎学校の先生たちとのFIKAでも「まだまだ未分化の子どもを評定して、レッテルを貼ることが子どものプラスになるとは思えない」と言う意見が大勢を占めていた。

このことに関わる内容として、2021年2月25日の朝刊『SvD』に、ストックホルム大学のピーター・サンドグレン（Petter Sandgren）が「スウェーデンの学校は国際的に見ると変わった鳥である」（Svenska skolan en udda fågel internationellt sett）というタイトルの論考で見解を公表している。サンドグレンは、アメリカの教育を例にしながら『テストのための学校』は、全ての授業時間が標準テストの準備に費やされ、その結果、最も弱い子どもを無視することになった、学校は結果に左右される場となった（傍線筆者）」と主張しているのだ。

アメリカを代表する教育学者のマイケル・W・アップル（Michael W. Apple）とジェームズ・A・ビーン（James A. Beane）も国レベルの共通テストを以下のように批判している。

連邦レベルの立法措置は、全米統一の教育基準、標準化され細かく規定されたカリキュラム、全米共通テストの制定に向かっている。そうした政策が逆効果であることを明らかに示す証拠があるにもかかわらずである。（中略）特権的集団は、ヴァウチャー制、税制控除、「学校選択制」計画や、「才能に恵まれた」子どもたちだけが学べる教育プログラムなどを利用して、多様な生徒を抱える総合制［普通科・商業科併設］の公立学校を避けようとする。＊3


そういえばＦＩＫＡの時に、スウェーデンの教師たちから質問攻めにあったことがある。

「日本には小学校受験があるって本当？」

「早期教育の塾もあるって聞いたけど？」

「高校、大学受験の競争もすごいのでしょう？」

「低学年の子どもを評定したり、序列化して、子どもにプラスになると思う？」

「子どもがかわいそうだと思わない？」

何のための評価なのか、子どもの全面発達、発達課題、全ての子どもにとっての学校とはどういうものかが問われたのである。児童中心主義を貫いてきた国、スウェーデン

＊3　マイケル・W・アップル、ジェームズ・A・ビーン（澤田稔訳）（2013）『デモクラティック・スクール　力のある学校教育とは何か』上智大学出版、10―11頁。

の職員室だなあと思った。先生たちの批判力とエネルギーに安堵したのも事実である。

・学校の裁量権を拡大させた1994年版ラーロプラン

1994年版のラーロプランといえば、学校の価値基準と任務と各教科の到達目標指針が中心の短信になり、電信スタイル[*4]のように簡単な記述になっていた。学校や教師の自由裁量が拡大したのだ。1991年に政令『学校の責任』(Ansvar för skolan)が公布され、基礎教育に関する国の権限と責任が大幅に地方自治体に委譲されたことも関係している。さらに、学校や子どもの実態からカリキュラム開発を進めていく上では、裁量権の拡大は望まれることともいえるだろう。

80年版の作成に関わり、94年版ラーロプラン作成の委員会の委員長を務めたウプサラ大学教授(当時)ウルフ・ルンドグレン(Ulf Lundgren)に聞き取り調査をする機会を得たのだが、その際に「共生のカリキュラム」を例にして80年版と94年版の違いを次のように説明してくれた。

80年版と94年版では、ラーロプランに大きな違いがある。80年版は「コース計画」(Kursplan)で授業の詳細を決めていた。それに対し、94年版は、学校裁量が大きくなり「他者の関係」を取り上げる場合にも、学校の実態に合わせて、男女の関係を取り上げても、移民のことを教材にしても自由になった。ただし、94年版以降は自由になった分、実態把握が難しくなったとも言える。そして、校長のコーディネート力や考え方による

＊4　Drakenberg, Margareth (1995). *Compulsory School Development in Sweden. Department of Education of Helsinki: Research*, Bulletin, 91,p.63

ところが大きくなった。[*5]

スウェーデンのカリキュラム研究の第一人者であるルンドグレンは、カリキュラムを各学校で開発すること、すなわちSBCD（School Based Curriculum Development）の実現に力を入れた。先の聞き取り調査で、ルンドグレンは、自由裁量の拡大を成功させるために、教員研修やプロジェクトのための予算が使えることを見込んでいたのだが、それがかなわなかったと残念がっていた。彼の構想では、自由裁量権の拡大と教師の力量形成、研修はセットだったのだ。つまり、94年版で学校間格差が広がったのは自由裁量拡大の前提条件となる教師の力量形成に注力できなかったからだというのが、ルンドグレンの見解だった。

（３）２０１１年版に対する教師たちの声

２０１１年版作成に向かって、２００６年に調査と検討が開始された。

「ラーロプランは突然空から降ってくるのではない。作成するプロセスが大切なのだ。そうすることで教育実践への浸透がうまくいく」[*6]と考えたヴェスティンは調査委員会を発足させ、学校訪問をし、１００人を超える教師と面談をして１９９４年版を評価したと説明していた。

さらに、ヴェスティンは「教師たちは学校庁の言葉を理解している。学校庁の教師たちの言葉を理解している。そうでないと意思の疎通ができない」[*7]とも話していた。この

＊５　２００８年９月18日にウプサラ大学においてルンドグレン（Lundgren, Ulf）に実施した聞き取り調査より。

＊６　２０１１年10月31日にストックホルム市の学校庁（Skolverket）でヴェスティンに実施した聞き取り調査より。

＊７　同右。

ように、新たなラーロプラン作成のプロセスに、教員の参加が保障されている。参加を通して目的の共有は担保されているが、2011年版ラーロプランに対する施行後の賛否、評価がどのようであるか、少ない事例ではあるが、紹介したいと思う。

RFSUのオルソンは「(11年版の性に関する内容に)かなり満足している」と話していた。

マティウス基礎学校の低学年の担任(当時)のマリア・リクネル(Maria Lychnell)は、「(1994年版に比べて2011年版の方が)明確で実際的、そして堅実だ」[*8]と評価した。

一方、リクメルが勤務する基礎学校の校長(当時)のジャン・アイリ(Jan Aili)は、リクメルとは別の見解を示していた。「自由裁量部分が減り、管理が強くなったことは、基礎学校のカリキュラム開発にとってマイナスだと考えている」[*9]というのだ。

アイリは、ルンドグレンの考え方を支持していた。

ゴットフリッツズソンも2011年版施行直後に聞き取りを行った時には「1994年版と2011年版で内容には大きな差はないと思っている。ただ、2011年版ラーロプランの方がいいと思う。なぜなら、具体的で明確になったから。やらなくてはいけないことが明確になった分、これまでやっていなかった教師は大変だと思うけど、やるべきことをやっていた教師にとっては大きな変更になっていない」[*10]と語っていた。

ところが、2015年に訪問した際に、彼は新しく着任した校長先生による管理の強化を批判していた。この不満は校長の教育観もさることながら、管理が強化された

*8　この発言は、2013年10月13日の参与観察に先立って、メールで行なったアンケートを基にしている。

*9　2014年9月14日マティウス基礎学校でアイリに実施した聞き取り調査より。

*10　2011年11月1日にアールヴィック基礎学校で実施した聞き取り調査より。

２０１１年版に依拠するものとも考えられる。その後、ゴットフリッツズソンは学校を異動し、別の校長と働くようになって数年が経っている。再度、彼と２０１１年版の評価について話をしてみたい。そして、スウェーデンは、学校、教員のカリキュラム開発における自由と管理のバランスをどのようにしていくのか、今後も見守っていきたい。[*11]

教師の異動について若干の補足をするが、ゴットフリッツズソンは自分と教育観が近い校長のところに、自らの意思で異動した。その校長先生から「うちの中学校に空きが出るよ」と誘われたそうだ。スウェーデンでは、日本のような教員採用試験があるわけではなく、教師自身が希望しない限り異動もない。教師の異動がないことによるデメリットとして、マンネリ化、すなわち変容しながら課題に立ち向かっていくことが難しいことなどを挙げることができる。

一方で、実践の定着化、学校独自のカリキュラム開発、教師の意思の尊重を考えると理にかなっている。日本の公立学校のような数年での異動があると、学校ベースのカリキュラム開発や地域に根ざした特色ある学校づくりを行うのが難しい。実践の創出、実践的な積み上げには時間が必要だからだ。そして、子どもは3月になって突然、担任の先生とのお別れが告げられ、離任式が行われる。子どもと教師の突然のお別れは、日本では毎年3月に繰り返される光景であるが、スウェーデンでは教師が選択しない限り生じないことなのだ。逆に言えば、スウェーデンの教師は、現状より良い条件、良い環境の学校が見つかると自分の意思で異動する。

＊11　２０２２年度（秋）に、２０１１年版ラーロプランが改訂となり、２０２２年ラーロプランとなった。学校教育の理念などは変わらない。『共生』に関わるところの変更点を確認中であるが、コース計画に大きな変化はない。

さて、2022年秋にラーロプランが改訂された。2022年版は、1980年版から1994年版、1994年版から2011年版のような大きな変更ではなく、2011年版が継承されている。ただし、同時期の2022年9月の総選挙で中道左派の社会民主労働党政権から極右のスウェーデン民主党も入った中道右派へと政権交代が行われた。スウェーデン民主党は、移民の受け入れに批判的で、移民政策の見直しを主張している。「スウェーデン人とは誰のことを言うのか?」を考えるような多文化共生の授業に影響が出ないか、心配である。今後の動向に目が離せない。

2 社会民主主義に入り込もうとする、新自由主義

（1）新自由主義の自己責任、競争原理の教育でいいはずはない

筆者は、「社会民主主義の教育改革」、「共生のための教育理念とそのカリキュラム」に興味関心を抱き、１９９０年代からスウェーデン（ストックホルム）の扉を叩き続けてきた。新自由主義の教育改革とは逆の社会民主主義の教育改革を貫こうとしているスウェーデンから、これからの教育を創造する手がかりを得たいと考えたのだ。１９８０年代に、イギリスのサッチャー政権、アメリカのブッシュ政権、そして日本の中曽根政権は、新自由主義へと舵を切った。新自由主義は、学校教育をサービスとして商品化し、個の選択、自己責任、競争へと向かわせる。

「このままでよいだろうか」という気持ちが私をアメリカではなく、スウェーデンへ

と突き動かしたのだと思う。

2009年に教育学者の福田誠治は「新自由主義と北欧」という論文で、リー（S.Lie）を引用しながら次のように説明している。

教育に高い質と平等を打ち立てようという北欧の戦略は、公費負担に支えられた16歳までの基礎教育には選抜、70年代の能力別編成、分岐を行わないという総合制学校制度に基礎を置いている社会民主主義政党によって新教育思想（こども中心主義）が平等思想に結びつけられて総合制学校構築へと結実することになった。[*12]

能力別編成については、教育学者の佐藤学が批判的な見解を示している。少し長くなるが、引用する。

「習熟度別指導」と「能力別指導」による学習の「個性化（個別化）」は1960年代から1970代にかけて世界各国の授業改革の中心的課題であり、教育学研究と教育心理学研究の中心テーマの一つでした。数え切れないほどの実験が行われ、数えきれない量の研究論文が執筆され、教材や指導法や評価方法が開発されました。しかし、現在では、「習熟度別指導」や「能力別指導」を積極的に研究している教育学者も教育心理学者もありません。現在の教育改革と教育研究の趨勢は「習熟度別」「能力別」による学習の「個性化」ではなく、その廃止であり、多様な能力や個性を持って子どもによる学習の「協同化」にあります。（中略）

＊12　福田誠治（2009）「新自由主義と北欧」比較教育学研究、Vol. 30、29頁。

ではなぜ、1960年代と1970年代にあれほど研究され実験された「習熟度別指導」や「能力別指導」はその後衰退したのでしょうか。「習熟度別指導」の衰退の要因は、政治的、社会的、文化的な要因など複雑ですが、直接的にはその効果が実証されなかったからです。[*13]

さらに、佐藤は、「(日本の) 文部科学省の(習熟度別指導の)政策は世界の趨勢に逆行する」[*14]と批判している。別の論考においても、欧米では「能力別・進路別指導」(tracking) が廃止される傾向にある中で、それを維持しているドイツが深刻な学力問題を抱えていること、廃止したフィンランドが質と平等を実現していることをOECDが15歳以上を対象に行った学習到達度調査(PISA:Programme for International Student Assessment)の結果をもとに論じている。[*15]

教育の質と平等を重視しているスウェーデン。それに対して、日本では親の所得による学力格差、健康格差が広がり、子どもの貧困が深刻な社会問題になっている。だからこそ、「機会均等」というより「結果の平等」を目指すスウェーデンの教育制度から手がかりを得たいと思っているのだ。ただ、スウェーデンも新自由主義の影響が出ていると言われるようになってきた。

＊13　佐藤学(2001)『学力を問い直す―学びのカリキュラムへ―』岩波ブックレットNo.548、岩波書店、51―52頁。

＊14　同右書　佐藤(2001)、52頁。

＊15　佐藤学(2004)『習熟度別指導の何が問題か』岩波ブックレットNo.612、岩波書店、19―22頁。

（2）スウェーデンに新自由主義の風

日本の論文でも、スウェーデンがイギリスの影響を受けて新自由主義化したという見解が紹介されている。[*16]

一方で、クリスティン・ハドソン（Christine Hudson）とアンダース・リンドストロム（Anders Lidstruöm）（２００２）によるイギリスとスウェーデンの教育改革を比較した研究によれば、イギリスでは教育改革にエリート主義の強い伝統が見られるのに対して、スウェーデンでは侵食されているとはいえ、教育の総合的な価値に依拠していると分析されていて、教育に市場原理は優先されていないという結論[*17]が公表されている。その国をどこから見るかによっても見え方が違うし、評価も多面的である。

90年代にストックホルムの基礎学校、大学、学校庁を訪問した際に、必ずといっていいほど、「どうしてスウェーデンなの？」と聞かれた。「日本が影響を受けているアメリカとは異なるスタンスのスウェーデン、福祉社会スウェーデンからこれからの教育を考えていきたいから」と答えると「正解だ」と喜ばれた。時には、追加資料が出てきたり、「アメリカではなくスウェーデン」という言葉の威力で協力度が具体的にアップしたことは1度や2度ではない。

教育学者の澤野由紀子は、第二次世界大戦後、社会民主労働党による長期政権の下、失業や貧困などの社会問題を公共部門の拡大によって福祉国家のスウェーデンモデルを築いたこと、公教育においても機会均等が保障され、それによって市民の平等が達成さ

＊16　澤野由紀子（２００９）「教育の理想郷とその変容」佐藤学・澤野由紀子・北村友人編『揺れる世界の学力マップ』明石書店、74―78頁。

＊17　Christine,Hudson & Anders, Lidstruöm（eds,）(2002). Local Education Politics: Comparing Sweden and Britain, Palgrate Macmillan,p.237

れた国として先進諸国からみなされたこと、そして１９６０年代には義務教育の単線化・総合制化が実現し、多様な児童生徒が共に学ぶことができる平等な学校教育を保障したことを紹介した上で、80年代以降は規制緩和や分権化と行った新自由主義的手法による改革が導入されたと説明している。[*18]前述の単線化とは、エリートと非エリートの区別をつくらず、進路によって学校教育を分岐しないことである。

結果の平等にこだわり、家庭環境の違い、障害の有無、文化的なバックグラウンドによって子どもの学びや成長に不平等が生じないよう制度設計をしてきたスウェーデンの教育が継承されていくことを願う一方で、この先どのようになるのかを心配している。

なぜなら、２０２１年の現地新聞などによれば、公的補助を受けられる「自律学校」（Fristående skola,Independent school）、なかでも後述する「フリースコーラ」（Friskola）と称される学校が年々増えているからである。１９９１年7月の教育法の改正により、私人ないしは法人（企業、協同組合、協会、宗教団体など）が自律学校を設立することが可能になった。自律基礎学校在籍児童は1％（１９９１年）であったのに対して、15％（２０１８年）と増えていることが報じられている。[*19]その背景として、１９９６年までは公立とフリースコーラの間には、補助金に差があり、フリースコーラは、合理的な額（少額）であれば授業料を徴収することが許されていたのだが、１９９７年以降は補助金が１００％となり、フリースコーラも授業料や寄付金の徴収は禁止となったことが関係している。

＊18　澤野由紀子（２０２０）「スウェーデンにおける自立学校導入による教育の機会の多様化と平等・公共性の保障」比較教育学研究Vol 61、79頁。

＊19　同右論文　澤野（２０２０）、78—80頁。

2010年に改正された学校教育法第1条には、教育のアクセスの平等と教育機会の均等などについて、以下のように規定されていることも合わせて紹介したい。

第1条第8項すべての人は、地理的、社会・経済的条件にかかわりなく、本法律の定める特別な規定に従い、学校教育に平等にアクセスすることができる。
第1条第9項学校教育制度内における教育は、あらゆる形態の学校および余暇活動センターにおいて、それが国のどこであっても、均等であるものとする。[*20]

*20 同前論文 澤野（2020）、82頁。

（3）「自律学校：フリースコーラ」をめぐる議論──学校運営で利益を出してはいけない

公教育の民営化、教育市場の拡大傾向が、新自由主義の風が吹いていると言われる所以だが、その賛否をめぐって議論がなされている。

フリースコーラは運営のための財源を国や地方自治体に頼らない学校、私立学校の一種として説明される。最初に設立した学校は、非営利団体や財団によるものだったが、有限会社が経営する学校が現れて「学校の株式会社化は人種差別と低品質につながる」[*21]と批判も出ている。

さらに、コミューンの（公立の）基礎学校では教師1人が受け持つ子どもは12・1人であるのに対して営利を求めるフリースコーラでは15・2人と多いことが報告[*22]されている。エング基礎学校低学年の担任教師ノザリは、「妹がフリースコーラで働いているけ

*21 Sten Svensson(2019). Systemskiftet-när skolan gick från gemensam till privat,Arenade, s.32

*22 Ibid., s.33

れども、そこは1クラス28人を2名の教師が見ていて（人件費を削減しているので）儲けている。子どもが使う学習材もないし子どもの学力も低い」[*23]と話していた。

２０２１年9月22日の新聞（Svenska Dagbladet; SvD）には社会民主労働党の提案が紹介されているが、そこには、営利目的の学校を禁止すること、学校運営で利益を出してはいけないこと、学校を選択する正しい権利を保障すること、子どもの学びにもっと時間をかけることが明記されている。

フリースコーラに通う場合も、親の負担はこれまでの義務教育学校（Grundskolan）と変わりはない。スウェーデンの自律学校、フリースコーラは、日本の子どもが私立学校に通うのとは違っている。１９９７年以降、学費は公立の基礎学校、フリースコーラのどちらに通っても無償なのだ。

学校のレベルと格差の問題は、基礎学校の中にもあり、11年の教育改革で管理が強くなっていることは前述の通りである。それに加えて、基礎学校とフリースコーラ間の格差も指摘され始めている。２０２１年10月28日の新聞『SvD』には、イェーテボリのフリースコーラ3校の学校運営に不正があったとして、学校検査官が入り閉校に追い込まれた記事が掲載されている。イスラムのムスリムの子どもが通うフリースコーラも設立され、この種の学校については、これでは多文化共生の学校にならないという批判がある。さらに、２０２１年12月3日の新聞『SvD』は、イスラム教のフリースコーラ（生徒数１０３名）が閉校になったと報じている。

＊23　２０２２年11月8日にエング基礎学校で実施した聞き取り調査記録より。

（4）二人の教育省の元大臣[*24]

ここで、ヨーラン・ハンス・ペーション（Göran Hans Persson）元教育大臣（Utbildningsminster）とリーナ・アクセルソン・キルブロム（Lina Axelsson Kihlblom）元学校大臣（Skolminister）を紹介する。

・フリースコーラ化へと向かったペーション元教育大臣

そもそもフリースコーラの問題は、1991年に政令『学校の責任』（Ansvar för skolan）が出され、学校の裁量権が地方（コミューン）、学校に拡大したことに由来する。1989年―1991年まで教育大臣を務めた社会民主労働党のペーションは、回想録『私の道、私の選択』で「私は正しい改革をしたと自信を持って言える」[*25]と書いているが、大橋紀子氏によれば、「ペーションは、最近になって私の教育改革は間違っていたとメディアで言っている」[*26]そうである。ペーションは、市の教育委員としての働きが評価されて教育大臣になり、その後は社会民主労働党党首、41代首相になった人物である。「自分の政策は間違っていたと政治家が言うのはとても新鮮だ」と伝えたら、すかさず「こちらでは珍しいことではないけど」と。

・営利目的の学校は許さないキルブロム元学校大臣

注目すべきは、2014年9月の総選挙で中道左派の社会民主労働党が第1党で8

*24　スウェーデンの教育省（Utbildningsdepartment）には、就学前教育、義務教育、高等教育学校を担当する学校大臣と、研究を担当する教育大臣がいる。後者が省庁の長を務める。学校大臣はキルブロムで、高等教育／研究を担当している教育大臣は、2022年度の段階ではエクストローム（Ekström Anna）となっていた。その後、2022年9月の選挙で、社会民主労働党率いる中道左派が敗北し、10月に中道右派に政権交代となり穏健党から首相が選ばれた。それに伴い、大臣も交代となった。

*25　Kommunaliseringen av skolan i Sverige, Wikipedia

*26　2022年2月10日の日本時間16時30分にストックホルム在住の大橋紀子氏に実施したZoomでの聞き取り調査より。

年ぶりに政権に返り咲いたことである。なぜなら、この復権は、スウェーデン市民が社会民主主義の社会を死守しようとしていた結果だと考えるからだ。

キルブロムは、弁護士であり、校長経験者だ。離婚歴のある2児の母であると同時に、男性の体と女性の性自認を持って育ってきたこと、25歳の時に性別適合手術をしたことを公表している。キルブロムはこのことを「新しい普通」と言っている。日本のネットでキルブロム大臣を検索すると、「スウェーデン初のLGBTQ大臣」と紹介されているが、スウェーデンではそのような紹介を目にしていない。これは、性の多様性が尊重されている、当たり前になってきていることの証しといってもよいだろう。特別なことではなく「普通」、「新しい普通」なのだ。

キルブロム大臣（当時）は、インタビューで、フリースコーラについて、以下の見解を示している。

「お金が好きなのではなく、子どもが好きでなければなりません。学校の選択肢が増えることはいいと思いますが、公正な学校でなければなりません。一部の人だけの学校では駄目なのです。私は営利目的の学校の問題を解決します」*27（インタビュー記事を一部抜粋）

学校大臣が、教育の市場化に対峙している、営利目的に傾斜してきている状況から学

＊27　キルブロム大臣の見解は新聞など、様々なところで紹介されているが、これは2021年12月21日にPANORAMA社から発行された雑誌『学校の世界』（Skolvärden）のインタビューNya Skolministern stor intervju: „Den frågan ska lärarna äga"より抜粋。

校を守ろうしているのだ。本質的で、わかりやすくて、信念を貫こうとする覚悟が伝わってくる。大臣は、フリースコーラ全部を否定しているのではなく、営利目的の自律学校、新自由主義の学校に抗おうという姿勢であることがわかる。フリースコーラについて、スウェーデンでの教職経験をもつアールベリエル松井氏は、（日本の）私立学校は、税金を使って義務教育を含めた学校教育をビジネスにしているという倫理な問題と、経営悪化の影響で学校が閉鎖されるリスクがあると、スウェーデン国内でも問題視されていると述べている。[*28]

一方で、自閉症や発達障害の子ども、不適応の子どものためのフリースコーラで人気の学校もあるという。リンデル佐藤良子氏は「少数で学習環境もよく、（公立の）基礎学校で同等のことは予算的に難しいのではないか」[*29]との見解を示していた。障害児を分離するのではなく、可能な限り包摂することを選んできた基礎学校のことを思うと複雑な気持ちになる。

2022年9月に行われたスウェーデンの総選挙で政権交代となり、大臣も交代になった。キルブロムの手腕が発揮されるには時間が足りず残念であるが、この政権交代でどちらにどのように風が吹くのかをこれからも注視していく必要がある。

日本はといえば、1984年に臨時教育審議会が設置されて以降、新自由主義の改革路線を推進し、公共部門への競争原理の導入、規制緩和が進められてきた。繰り返し強調するが、子どもに生じている貧困や格差やいじめなどの根底には、新自由主義の改

＊28　アールベリエル松井久子（2019）「スウェーデンの学校とインクルーシブ教育」『みんなの教育　スウェーデンの「人を育てる」国家戦略』ミツイパブリッシング、93頁。

＊29　2023年10月5日にリンデル佐藤良子氏に実施した聞き取り調査。

革、競争原理、弱肉強食の社会への傾斜が関係していることを忘れてはいけない。未来を担う子どもたち一人ひとりの教育は平等であり、格差是正に向かわなければならないのだ。

日本では、２０２３年4月1日に『こども基本法』が発効された。そこには、「全てのこどもについて、（中略）教育基本法の精神にのっとり教育を受ける機会が等しく与えられること」、「全てのこどもについて、その年齢及び発達の程度に応じてその意見の尊重、その最善の利益が優先して考慮されること」が定められている。「全てのこどもについて」と明記されていることが重要である。

「子どもはみな等しく尊い」

キルブロム大臣（当時）が言っていたように、一部の人だけの学校ではなく、公正な「みんなの学校」（En Skola för Alla）でなくてはならないのだ。大人は、子どもの教育権を保障しなければならない。どの子どもも可能性に満ちた、次の社会を担う尊い存在である。全ての子どもが、幸福を追求する権利を持っている。

日本の社会はどちらの方向に向かっていくべきなのか、そしてどのような市民を育むのか、学校教育のグランドデザインをどう描くのか、スウェーデン社会の葛藤（苦悩）は、他人事ではない。目を逸らしてはいけないのだ。立ち止まってしっかり考え、対話しよう。

その向こう側に「希望」があると信じて。

コラム16

子どもと教師が対話しながら行う評価

基礎学校に通うフリーダが音楽の観点別評価表を見せてくれた。

フリーダは音楽が大好き。だから、科目の中から音楽の評価表を取り出して見せてくれたのだと思う。この評価表にはラーロプランに準拠した観点が書かれていて、それを、教科担任と子どもが話し合いながら色を塗っていく。学年が上がると色を変えて続きを塗る、卒業までにゴールに到達すればよいのだ。

姉の大学生のソフィーも社会性を振り返る評価表を見せてくれた。彼女が基礎学校の低学年だった時のものだ。当時も教師と子どもが話し合いながら評価をしていて、今と変わらないこともわかった。

子どもと教師が話し合って行う対話型の評価になっているのは、実に興味深い。テストによる評定、教師による評定だけが評価ではない。

子どもの自己評価と教師による他者評価をつき合わせて納得のいく評価を行い、可視化して保管する。他者との比較や序列ではなく、見せてもらった対話型の評価は、一人ひとりの子どもの学び、成長の軌跡である。

左　科目「音楽」の評価表
右　社会性の評価表
話し合いをしながら、教師が色を塗る。
2023年10月6日撮影

コラム17

全ての子どもは等しく尊い

スウェーデンの子どもは、1年生から「民主主義」、『子どもの権利条約』について学んでいる。学習材には、「いろんな友達がいること」、「全員と親友になる必要はないこと」、「相手を尊重すること」が取り上げられている。筆者が入手した1990年代から2021年に至るものまで、共通している内容だ。

2021年に出版されたオリエンテーション社会（SO）の学習材[*30]の挿絵として、多様な子どもたちが肩を組んでいる絵が掲載されている。そしてその下に、「全ての子どもは、等しく価値がある」（Alla barn har lika värde）と書かれていた。「自分は自分なんだ、自分が自分でいられるようにする」というメッセージ。

ところで、日本では「スクールカースト」という言葉が一般化し、児童・生徒間の序列が社会問題になっている。人気があるかどうかなどで、「1軍、2軍、3軍」、「A、B、C」に分けられているのだそうだ。勤務する大学のゼミ生に聞いてみたが、半数が自分のクラスに「カースト」[*31]があったという。上位の「カースト」の子どもが決定権をもち、下位の「カースト」の子どもが指示に従って行動する、いじめの対象にもなっていたというのだ。何ということだろう。子どもを独裁者のようにしてはいけないし、権力で支配されるようにしてもいけない。

スウェーデンの基礎学校に参与観察に行って、子ども同士のトラブルに出会ったことはあるが、子どもの序列化、「スクールカースト」のような世界を目撃したことはない。

日本は、受験教科を主要教科と言ったり、それを担当する教員が上であるかのような威信構造など、教師の世界にもカーストが生まれていないだろうか。大人の世界は子どもに潜在的なカリキュラムとなって浸透していく。

ちなみに、日本の学習指導要領は国語で始まるが、スウェーデンのラーロプランはスロイド

（Stöjd、手工科）から始まる。このことからもスウェーデンには、どの教科も重要であるという考え、強化の維新構造に支配されていないことを窺い知ることができる。

　全ての子どもは等しく尊い。

　そのことを学校の学びの中で、全ての営みの中で実感できるようにすることが、何より重要である。それは大人にも当てはまる。

　全ての人は等しく尊い。

　子どもの人的環境とも言える大人の世界も問い直す必要があるのではないだろうか。

＊30　Göran Körner・Maria Willebrand(2021) *PULS SO-Boken*, Natur och Kultur s.11.

＊31　カースト（caste）は、インド社会で形成された社会的身分制度のことである。結婚、食事、就職などに影響を与えている。底辺のカーストの人は「不浄」とされ、蔑視や差別の対象となる。

第9章

点描
コロナ禍とポストコロナの学校

2019年以降、世界中が新型コロナウイルスのパンデミックで想定外の生活を余儀なくされた。コロナ禍の学校生活も国によって違いがあったことは言うまでもない。日本の学校閉鎖は11週間、世界的には短い閉鎖であった。一方、スウェーデンの義務教育学校は基本的に閉鎖をしない方針を貫いた。義務教育学校を閉鎖しなかったのは、北欧でもスウェーデンだけである。

世界銀行（World Bank）、ユネスコ（UNESCO）、ユニセフ（UNICEF）の調査「世界的な学習貧困の現状：2022年最新情報」（The State of Global Learning Poverty: 2022 Update）は、コロナ禍の2019年―2022年の間に、10歳で簡単な話を読むことができない学習貧困がヨーロッパ・中央アジアで10％から15％に増加、南アフリカで86％から90％、中南米は60％から80％に増加したと報告[*1]している。コロナ禍の生活が子どもの学力、暮らしに大きな影響をもたらしたことは明らかである。

ここでは、コロナ禍とポストコロナの学校、子どもの健康を守り育む学校保健に焦点を当てる。

＊1　World Bank, UNESCO, UNICEF（2022）*The State of Global LearningPoverty: 2022 Update*, p.9

1

コロナ禍の学校

（1）学校に通い続けた子どもたち

スウェーデンは、2022年4月1日から新型コロナウイルス感染症の制限措置を解除した。日本より1年以上早い決断である。当初より、スウェーデンは国民の自律性、見識に委ねる対応を選択していた。22年10月末にストックホルムに行った時、友人たちは不安であれば市販の検査キットで調べる、体調不良の時は休むという当たり前の行動をとっていた。日本と比べると、スウェーデンは医療のアクセスがいいとは言えないだろう。しかしながら、具合が悪い時は仕事（学校）を休む、無理はしないというコンセンサスが得られている。

写真1はコロナ禍の最中のものである。ストックホルム市近郊のエング基礎学校に通

う5年生（当時）のルドヴィック（Ludvig）が、祖母のところに公共交通機関を使わずに遊びに行った時のものだ。スウェーデンの子どもは、学校でもマスクをつけていなかった。

コロナ禍の学校の様子を、ルドヴィックとその妹のローヴァ（Lova）、ストックホルム市内のソードラエングヴィー基礎学校（Södra Ängby skola）に通う6年生（当時）のハンネス（Hannes）が次のように話してくれた。*2

ルドヴィック：休み時間は必ず外に出る（コロナ以前から）。教室に入る前は必ず、石鹸で手を洗う。教室では特に間隔をあけることはしていない。デンマークではしているらしい。ランチの時、先生がランチルームに入る前にアルコールをかけてくれる。ビュッフェ方式だけど、先生が手袋をしてお皿を渡してくれる。体操の後にシャワーを使えないのが困っている。

ローヴァ：手を洗わなければならない。休み時間の後、ランチの前と後、おやつの前と後……と大変。アルコールでも消毒する。ハグは禁止。体操の後のシャワーも

写真1　コロナ禍の子ども（自転車での移動）２０２０年８月 Noriko Ohashi-Jönsson 氏提供

＊２　２０２０年８月４日、８月７日に大橋紀子（Noriko Ohashi-Jönsson）氏に代理で聞き取りを行ってもらった際の記録。この内容は、戸野塚厚子（２０２１）「特別寄稿　旅する健康教育学　新型コロナウィルスとの共存―子どもは知りたがっている、そして知る権利がある、子どもと対話を」健康教室、第72巻第5号、78―84頁でも紹介した。

禁止。ランチルームでは、ランチルームの人がお皿をとって、それを大人に渡して、それから子どもに渡してくれる。とっても時間がかかる。

ハンネス：教室の中では特別な変化はないけど、ワァーと思うことが二つあった。一つは、ランチルームの床に黒いテープが1メートルの間隔で貼ってあったこと。もう一つは、手洗いを徹底すること。前は、教室近くのトイレで手を洗うのが普通だったけど、今はランチルームに入る前にも手を洗う。なんと安全のために2回手を洗う。

社会科の授業で、コロナのフィルムをよく見るようになった。コロナが社会に与えた影響、コロナにどう対応するのか、安全、確実な方法は何か？　例えば、街の中へ行くとする。前は、街にはたくさんの人がいて、どこへ行っても人がいっぱいだったし、汽車、郊外電車、地下鉄も混んでいて人と人がくっついていた。今は、そんなにたくさんの人が交通機関を利用していないし、ディスタンスを保っているし、手すりを掴んでいる人はいない。地下鉄では4人がけの席に座っているのは1人だけ。

僕は、コロナの情報を学校、メディア、ポスター、YouTubeから得た。みんなが手を洗うとか、距離を置くとかをきちんと、ズーッと守れば、スウェーデンの公衆衛生局はワクチンを生み出すことに専念できると思う。

もし、ワクチンができたら「あーっ、コロナが終わった。おじいさんに会える！」

子どもたちの話からも、手洗いの徹底、教室では大きな変化はなかったが、ランチルームでは、ディスタンスの確保をするなど、工夫をしながら、義務教育学校が継続されていたことがわかる。2020年7月5日にスウェーデンの新聞『SvD』に掲載された記事によれば、デンマークは2020年3月11日に幼稚園、小、中、高、大学が休校。ノルウェーは3月12日に大学はオンライン授業、幼稚園、小、中、高校は休校。フィンランドは、2020年3月17日に小、中、高、大学が休校。スウェーデンは、大学は休校、高校はオンライン、小、中は開校を継続した。

体育の授業の後のシャワーの話は、日本との違いを感じる。ルドヴィックは、デンマークの学校とスウェーデンを比較して教室のディスタンスの話をしていた。他国の政策との違いを意識しているのだ。スウェーデンの1クラスは20—24人前後で、ゆとりのある空間となっていて、日頃からディスタンスはある程度保たれている。

スウェーデンは、ロックダウンを行わなかった。そのことで、「集団免疫戦略」を図ろうとしていると報道され、国内外から批判されたが、スウェーデンの医療関係者や政府はそれを否定している。ロックダウンを解除すれば再び感染者が増えるような対策ではなく、長期戦を見込んで持続可能な政策[*3]を採ったというのだ。ハンネスは、社会科で新型コロナウイルス感染症について学んでいると話してくれたが、知識を持つこと、正しく恐れることが予防や差別／偏見を防止する上で重要な要素であり、持続可能な政策の土台となる。

＊3　2020年8月16日の『東洋経済新聞』（ONLINE）も、ペールエリック・ヘーグベリ（Pereric Högberg）駐日スウェーデン王国大使の取材を引用して説明している。

ＯＥＣＤの調査で政府への信頼度が日本に比べて高い結果になっているスウェーデン[*4]、そして政府も国民の見識を信頼し、主体性を尊重している。信頼ができないと管理、拘束を強める結果となる。6章でも紹介したが、当時の首相は子どもたちとスウェーデンのコロナ対策について対話の機会を設けた。子どもにも届くよう工夫された情報提供と透明性の担保、専門家を尊重し科学的根拠に基づく情報を提供していることが、国民の冷静な判断と当事者意識の醸成にもつながっているのだろう。

日本の小学校は、突然、学校が閉鎖されたので学びようがなかったともいえるが、日本の子どもたちが「ステイホーム」をしている間、先のハンネスは学校でコロナについて学んでいた。特に感心したのは、「みんなが手を洗うとか、距離を置くとかをきちんと、ズーッと守れば、スウェーデンの公衆局はワクチンを生み出すことに専念できると思う」と話している部分だ。自身の予防だけでなく、国の予防対策へと視野を広げている。スウェーデンの予防対策に、しっかりとした意見を述べているのだ。

さらに、スウェーデンでは、２０２０年12月に出された新政策で、公共交通機関のラッシュ時（朝7～9時、夕刻16～18時）にマスクの着用が推奨[*5]されたが、学校で子どもがマスクを着用することはなかった。

２０２２年6月にリンデル佐藤良子氏が、小学生のフリーダを連れて、筆者が勤務する大学を訪問してくれた時のエピソードである。フリーダが「どうしてマスクをしているの?」と大学生に質問した。学生たちは「感染予防」、「みんなしているから」、

＊4　ＯＥＣＤ『Government at a Glance 2011』によれば政府に対する国民の信頼は、1位ルクセンブルク82・4％と最も高く、続いてフィンランド72・3％、デンマーク66・6％、ノルウェー51・9％、スウェーデン51・7％、日本22・2％となっている。翁百合（日本総合研究所理事長）氏が18年までの過去4回の『Government at a Glance』の結果の平均を紹介しているが、ＯＥＣＤ平均40％で、20国中ルクセンブルクが1位で、2位はノルウェー、3位オランダ、4位スウェーデン、日本は16位であった。スウェーデンは半数以上が信頼しているのに対して、日本は3割という結果。翁百合（２０２０）「スウェーデンはなぜロックダウンしなかったのか―憲法の規定や国民性も背景」OPINION PAPER、No.52、4頁。

＊5　スウェーデンは第2

「（しないと）周囲の眼差しがきつい」、「すっぴんだから」と答えていて、予防以上に周りの目を気にしていることがわかった。「周りの眼差しがきついから」という答えは、スウェーデンの小学生には理解しにくい回答だったようだ。「私は私、あなたはあなた、みんな違う」という文化の中で暮らしているのだから、無理もない。

自分はどうしたいのか、なぜそうするのかを、根拠を持って説明できるようになることが課題である。スウェーデンの小学生に教えられたように思う。

波の影響、国民からの政府批判を受けて、２０２０年12月18日に新政策を導入した。その際にマスクの着用の推奨が行われた。しかしながら、学校で子どもがマスクをすることはなかった。

2

学校が閉鎖されなかったこと、本当に嬉しい！

「コロナ前と後で、子どもたちに大きな変化はない。（基礎学校が）閉鎖にならなかったこと、本当に嬉しい」[*6]

そう話すのは、コミューンの子どもと若者の健康担当チーフで、コミューン全域の学校を担当しているモニカ・アルビットソン（Monica Arvidson）。各学校のスクールナースを監督、指導する立場にある。アルビットソンが学校保健組織について説明してくれた。

＊６　２０２３年10月３日にエング基礎学校（Ängskolan）で実施した聞き取り調査より。

（1）子どもの健康を守り育む学校保健組織

どの学校にも児童・生徒健康チーム（Elevhälsoteam、以下、EHT）という組織がある。

校長（Rektor）、スクールナース（Skolsköterska）、学校福祉士（Skol kurator）、学校心理士（Skolskötersk a）、スペシャルティーチャー（Speciallärare）などで構成される。健康の専門家が配置される人数には、基準がある。

①児童生徒100人に1人のスクールナース
②児童生徒600人に1人の学校福祉士
③児童生徒1100人に1人の学校心理士
④児童生徒7000人に1人の校医（就学前健康診断担当）

訪問していたエング基礎学校の場合は、スクールナースが1・5人（常勤1名と非常勤1名が0・5人分担当）、学校福祉士1・6—1・8人（常勤1名、非常勤が0・6〜0・8人分担当）。両者は隣同士の部屋で働いていた。そして、この基礎学校では、毎週木曜日に2時間、EHTの会議がある。担任は、特別な配慮が必要だと思う子ども、専門家チームでの検討が必要だと思う子どもについてレポートを提出すると、専門家集団が検討し、その結果、見解が伝えられることになっている。

写真2　健康担当チーフ
アルビットソン
2023年10月3日撮影

必要な時は担任もその会議に参加する。

（2）スクールナースは最高の仕事！

日本で言うところの「保健室」の入り口には、「児童生徒の健康」（Elevhälsa）と書かれた表札が掲げられていた（写真3）。そこで働くエング基礎学校のスクールナースの一人が、イルヴァ・レイクマン（Ylva Leikman）だ。彼女は3年間の看護師養成、その後助産師の教育を1年半、子どもと若者のための教育を1年間受けて、スクールナースになっている。2023年で16年目になるという。

訪問した時も、子どもたちが待合室にいた。レイクマンは、「基本は予約制だが、予約のない子どもも来る。お腹が痛い、頭が痛い、精神的な問題、寝られないなど、いろんな問題がある。教師が血圧を測ってほしいと来室することもあり、そのことにも対応するけれ

写真3　児童生徒の健康の部屋（保健室）と学校福祉士（kurator）がいる部屋
入り口に椅子が写っているが、ドアを開けると待合室になっていた。
児童生徒の健康の部屋（保健室）と学校福祉士の部屋は隣同士。
2023年10月4日撮影

写真4　保健室の中にある休養室
2023年10月4日撮影

ど、それは例外中の例外。ここは子どものための場所」と話してくれた。[*7] 加えて、「この仕事は最高の仕事。6歳から15歳までの子どもに接することができて、毎日ワクワクすることばかりです」と目を輝かせた。

スクールナースの仕事は予防が中心で、健康診断と予防接種を行なっている。日本のような集団の健康診断はなく、時間はかかるが個別に行なわれる。就学前と、2年、4年、6年、8年に健康診断を行い、ワクチンは就学前、5年生、8年生、転校して来た移民の子どもに実施する。日本では、養護教諭が子どもたちの養護を掌（つかさど）っている。看護師の資格を持った養護教諭もいるが、養護教諭資格を有していることが必須であり、他の教科の教員同様、主として教育学部で養成されている。日本の保健室は医療の場ではないので、注射などの医療行為をすることはできない。養護教諭は日本独自の制度で、国際学会などでも英語に置き換え不可能なため、「ヨーゴティーチャー」と呼ばれている。ナースではなくティーチャーなのである。

＊7　2023年10月4日にエング基礎学校（Ängskolan）で実施した聞き取り調査より。

3

ポストコロナの卒業式

（1）世界で一番素晴らしい職業

2022年6月、クロッカルゴーデン基礎学校の卒業式*8が行われた。コロナ制限解除後の初めての式である。クロッカルゴーデンは、0年生～3年生のみの基礎学校。式の様子を、保護者として参列したリンデル佐藤良子氏からの情報を基に紹介する。当日は、天気に恵まれ、子どもたち、先生、保護者は、いつものように外で卒業式を行なった。校長の挨拶、学びの成果、各学年が歌の披露、有志による歌やダンスの披露と続く。日本のように何度も練習をして臨む厳粛な式ではない。

＊8　リンデル佐藤良子氏が撮影したビデオを基に、氏がその一部をテープ起こしをしたものである。なお、アスケフォシュ校長の許可を得て掲載している。

早速、マグヌス・アスケフォシュ（Magnus Askefors）校長の挨拶の一部を紹介しよう。

私の名前はマグヌス・アスケフォシュ、この学校の校長です。私は世界で一番素晴らしい職業に就いています。世界一素晴らしい子どもたち、そして世界一素晴らしいスタッフたち。ですから、まず今すぐに、ここにいる皆さんは盛大な拍手を受けるべきだと思うのです（大きな拍手が起こり、長い時間続く）。

昨日は天気を心配していましたが、今日はいつものように晴天となり、陽の光の中で皆さんと一緒にここに立っています。（コロナが原因で）私たちも皆さんもこのようなチャンスがありませんでした。たとえ保護者の皆さんが参加できなくても、私たちはとても素晴らしい、とても素敵な終業式を行なってきました。しかし、皆さんの子どもさんたちが毎日そうしているように、保護者の皆さんもここにいて、式に参加することができ、私たちは本当に嬉しく思います。

生徒の皆さんは、8月に学校が始まってからおよそ178日学校に通ってきました。これは長い時間です。左手にいる一団は3年生ですが、今日は最後の日を迎えています。そして、また旅は続くのです。

これはだいたい毎年私が話すことですが、皆さんは実に大したものです。4年前に0年生として入学してきた時には、そこに座っていたあなたたちの多くが足をぶらぶらさせるほど小さかったのに、今では頭をぶつけるほどに大きくなり、背の高さも知識の量も、そしてパーソナリティーも成長しました。

世界一の仕事に就いているというのは、つまり、毎日ここにいる子どもたちに会えて、本当にいろんなことに出くわすからです。ありとあらゆる質問をされます。ヘルマン、あ、そこにいるね。パッとコメントをしてくるキミ。ある日、私たちが向こうの方でピンポンをして楽しんでいたことがあり、私は、よしやるぞーとやる気を出していました。ダンスはそれほど得意じゃないけれど、踊れない中年のおじさんという感じで、ちょっとこんなふうに体をぶらぶらと動かしていたのです。と、そこにコメントが飛んできました。「マグヌス、おじさんジャズをちょっと踊っているの？」と。（大きな笑いとどよめきが起きる）これはもう、言ってみれば「晴天に稲妻」のごとく、そんなコメントが飛んできた。そして、こういうのが私は大好きで、これを私たちはいつも心に留めておいた方がいいと思うのです。小さな可能性を利用し活かすことを。これを日頃から私は意識し、常に心に留めています。私たちはまた、あなた方保護者の皆さんが毎日お子さんたちとしていること、学校での学習へのサポートにも感謝をしています。子どもたちの優れた学習成果をもたらすのは、実に、私たちが行なっている協働によるものです。（中略）そして、生徒の皆さんにはもちろん、本当に、本当に素晴らしい夏休みを過ごせるよう願っています。明日にでも夏休みに入る皆さんもいますね。一部の皆さんは児童クラブにまだ何日か、または、学校が閉まる第27週まで来ますね。

皆さんはこの一年間、見事な学習の成果を残しました。スタッフの皆さん、あなた方が自らの職務に力を注いでくれたことに本当に感謝します。この二年間はまさにチャレンジングな年でしたが、今まさに私たちは実りの収穫をし、太陽が燦々と輝く中に立ち、それをただ楽しむ時で、スタッフの皆さんもまた、夏休みをとるのに値する人たちです。

　では、ここにいる全ての子どもたち、生徒たち、スタッフの皆さんが本当に、本当に楽しい夏を過ごせるよう願っています。そして全ての皆さんに本当に感謝します。（大きな拍手）

アスケフォシュ校長
リンデル佐藤良子氏提供（2022年6月撮影）

「世界一素晴らしい職業」、「世界一素晴らしい子どもたち」、「世界一素晴らしいスタッフ」、そして「本当に、本当に、楽しい夏を！」を強調している。夏休みの過ごし方、宿題、リスク回避のための注意点、啓発などは語られていない。
それもそのはず、6月に卒業・終了式で8月入学・始業式なので、夏休みの宿題はないのだ。年度の途中で夏休みになる日本の子どもとの違いである。さらに、3月が卒業式、4月が入学式の日本の教師と比べて、スウェーデンの教師は新学期に向けての余裕がある。

（２）学習成果の発表

リンデル氏の記録によれば、クロッカルゴーデン基礎学校の卒業式で学習成果の発表として、児童会（Elevrådet）の子どもたち5―6名が並び、この1年間大切にしてきた「基本的価値を示すワード」（Värdegrundsord）と、その具体的な内容が発表されていた。

「リスペクト！」
「ストップ！：誰かが『ストップ』と言ったら、その言葉を真剣に受け止める」
「知識」、「社会的スキル」、「安心・安全」

これらの「基本的価値」を示すワードは、2008年に学区の全ての子どもたちと親、学校の教職員全員で案を出して決めたもので、今までずっと受け継がれているものである。スウェーデンの基礎学校では、全ての学校が「基本的価値を示すワード」をもっている。

・卒業生の合唱「うんざりだ、もうこんな暮らしは！」

最後に、この卒業式のエピソードとして、3年生（卒業生）の合唱曲の話をする。

式で、各学年が歌を披露したのだが、3年生が選んだのはミュージカル『アニー』の「ハード・ノック・ライフ」。これは「うんざりだ、もうこんな暮らしは」から始まる歌で、子どもたちは毎日、毎日学校に通うことに重ねて選曲したそうだ。教師たちは「どうしてこの歌なの？」と思ったけれど、子どもたちがみんなで決めたのだから、歌うしかないと考えたと言う。

当日、子どもたちが「うんざりだ」と歌い始めた時に、親たちから笑いが起き、結果として、ひねりのある面白いパフォーマンスになったと聞いた。日本の小学校だったらどうだろう、子どもたちが決めたのだからと卒業式に「うんざりだ」で始まる歌を歌うことが認められるだろうか。親たちはそれを笑って受け入れる余裕があるだろうか。もちろん、スウェーデンでも、それが明らかな過ちであれば正されるが、基本的にみんなで話し合って決めたことは尊重されている。子どもたちは学校のあらゆる場面で民主主義を学んでいるのだ。

日々の関係性の中で構築されている「信頼」、すなわち「教師と子ども」、「子どもと保護者」、「保護者と学校」の信頼が、子どもが歌った「ハード・ノック・ライフ」を楽しむ基礎となっている。

コロナ禍に学校を閉鎖しなかったことも、子どもたちや保護者の保健行動への信頼、政府と国民の信頼関係に通じている。

子どもを信じられるかどうかが問われているのだ。

おわりに

「またいつでも戻っていらっしゃい。スウェーデンで学んだことがあるなら、それを日本の学校教育に役立ててほしいの。帰国してもあなたがあなたでいられるように」

これは、はじめてスウェーデンを訪問した際に、調査の協力をして下さった方がかけてくれた言葉だ。

「スウェーデンにも課題がたくさんある。これからも意見交換をしていきましょう」と言って下さった方もいた。

帰りの飛行機に乗る時にはいつも、帰りたくない気持ちになっている自分に「また来よう！」と言い聞かせている。そして、飛行機が離陸し日本に向かい始めると「頑張ろう！」という気持ちに切り変わっていくのだから不思議だ。このように、自分を受け入れてくれるもう一つの国があることはとても幸せなことだと思っている。スウェーデンという国を通して、自分自身や日本の学校教育を俯瞰的に捉えることができるのだから。非日常に身を置くことで、新たなエネルギーが湧いてきたり、創造のヒントを得ることも多々ある。

気がついたら、私は25年以上、日本とスウェーデンを行き来してきたことになる。ロングステイは叶わなかったが、それでも継続的に研究できたことに感謝したい。

2019年度からは、コロナ禍で訪問できなくなり、Zoomなど、新たな方法で調査を継続することになったが、改めて、スウェーデンの空気を吸い、FIKAをしながら語り合い、スクールランチを含めて、共に食事をすることの重要性を痛感している。

いつまたスウェーデンに行けるようになるかわからない不透明な状況の中で、一度立ち止まって自身の経験や研究成果を多くの方と共有する機会をつくりたいという思いが次第に強くなり、執筆を始めた。２０２２年秋に、久しぶりにストックホルムでの調査研究が再開し、新たな情報を加筆して本書が完成した。

正直なところ、スウェーデンに行き始めた頃は、自身の研究成果を同じ専門領域の研究仲間や学会、大学の講義以外で共有することを考えていなかった。なぜなら、日本で偶然に居合わせた人たちと学校や教育の話になると十中八九「最近の学校はダメだね」と言われたし、都市伝説のようなエピソードで学校を批判されることもあり、苦痛に感じていた。若かったこともあり、自分自身を全否定されているような気がしたのだと思う。

「誰もが経験している学校教育のことだから、それなりの持論を語ってくる。専門以外の人が入り込めないような専門領域だったら良かったのに」と思ったこともあった。

そんな私が、今切実に思うことは、多くの人と学校教育について対話することの必要性と重要性だ。

「誰もが経験したことだからこそ共有できる。多くの人と対話ができる」

年と経験を重ねたからこその境地かもしれない。スウェーデンの市民参加型の教育改革に学んだからともいえるだろう。

学校は、みんなのもの。“A School for All” (En Skola för Alla)。

スウェーデンの社会、学校から教えられたことだ。どの子もその子らしく生きられる民主的な社会、学校民主主義を実現するための努力を、一部の専門家だけに任せるのではなく、共に語り合うことから始めたい。そして、学校をボトムアップで創っていく意識で、ささやかでもできることから始めてみたいと考えている。大切なのは、あきらめないこと、関心を持ち続けること、そして希望を見出そうとすることではないだろうか。そのためにも創りたかった「わかりやすくて疲れない、装幀が素敵で手に取ってみたくなる本」、「誰かと話したくなるような触発的な本」。

この本がそのようになっているかどうかの評価は、読者のみなさまに委ねるしかないが、今回も筆者の出版の願いを叶えてくださった明石書店の深澤孝之さん、親身に丁寧に編集をしてくださった黄唯さんに心から感謝したい。そして、スウェーデン在住の研究協力者であり、良き理解者の大橋紀子（Noriko ,Ohahi-Jönsson）さん、RFSUで国際的な活動をしているハンス・オルソン（Hans Olsson）さん、低学年担任のテレース・シロウ（Therese Tjio）さん、高学年の社会科教師のパトリック・ゴットフリッズソン（Patrik Gottfridsson）さんをはじめとする基礎学校の先生たち、ストックホルムで通訳・翻訳、マスコミのコーディネーターとして活躍されていた山崎郁郎さん、同じくストックホルムで働きながら教育学研究を継続しているリンデル佐藤良子（Linder Sato Ryoko）さん、これまで出会った基礎学校の子どもたち、ここに全てを書き記すことはできないが、多くの方に教えられ、勇気づけられながらここまで来ることができた。

さらに、2014年に明石書店から出版した拙著『スウェーデンの義務教育における『「共生」のカリキュラム』が縁で出会った神戸大学の大学院で特別支援教育や国際理解教育、教科教育を研究していたみなさん。今はみな大学に職を得て活躍されているが、共同研究の仲間として関係が続いている。会話はいつも新鮮で、新たな気づきに誘われ、励まされている。

　宮城学院女子大学の同僚との専門を超えた研究交流、ＦＩＫＡは、楽しく有意義な時間、経験となっている。文学、英語学、史学、神学、文化人類学、建築学、看護学、調理学、音楽学など、多岐にわたる専門家たちとの共同研究や日常会話の中で、自身の研究の課題や独自性、意義について再考することができた。これらは、私の中でのパラダイムの転換といってもいい経験である。

「そもそも日本の学習指導要領について話してもらわないと、わかりにくい」など、私にとっての当たり前が当たり前でないことに、同僚との会話を通して気づくことができた。この本がわかりやすいものになっているとしたら、同僚や研究仲間との協働的な学び合いの成果である。そして、ゼミや講義を通して共に考え、討論を重ねた学生のみなさん、本論の中でも紹介しているが、みなさんの発言に触発されたことが沢山あった。

　最後に、「装丁にこだわって、持ち歩くのが楽しくなるような本にしたい」という私の願いに共感してくれた同僚（建築学）は、お洒落な装丁の本を見つけると届けてくれた。そして、その希望をイラストで叶えて下さったのがデザイナーの米田禎子先生である。私はいつも先生がデザインした服を着てスウェーデンに行っている。先生に「この本に気持ちを入れましょう！」と言っていただいたことが忘れられない。

「Tusen tack!」（ありがとうを１０００回）

私は、学校が民主的で、全ての子どもにとって楽しい学びの場となることを願いつつ、これからも研究を続けて行く。

この本が何かの「はじまり」、「きっかけ」になれば幸いである。

２０２４年５月５日
戸野塚厚子

＊本書は、日本学術研究振興会の学術研究助成金基盤研究Ｃ（17KO4571,21KO2315）、宮城学院女子大学発達科学研究所の２０２２年度共同研究の助成を受けて遂行した研究成果を基に執筆している。

■著者紹介

戸野塚厚子

Atsuko Tonozuka

宮城学院女子大学教育学部教授、同大学院健康栄養学研究科教授
博士（教育学、筑波大学）

・主要業績

「スウェーデンの義務教育課程における『共生』のための学び——現行学習指導要領における教育内容とその成立基盤」（『比較教育研究』第34号、86-106頁、2007年）、「スウェーデンの共生のための義務教育課程に関する研究——1980ナショナル・カリキュラム作成過程に焦点をあてて」（『カリキュラム研究』18巻、45-57頁、2009年）、『スウェーデンの義務教育における共生のためのカリキュラム——“Samlevnad” の理論と展開』（明石書店、2014年）、「スウェーデンと日本の往還、そしてその向こう側——教育学における旅」『〈往還〉の諸相』（共著、翰林書房、2021年）、など。

宮城学院女子大学みつばち事業メンバー
養蜂を通してみつばちとの共生、自然との共生を実践中。

スウェーデンの優しい学校――FIKAと共生の教育学

2024年7月20日　初版第1刷発行

著　者　戸野塚厚子
発行者　大江道雅
発行所　株式会社明石書店
〒101-0021 東京都千代田区外神田6-9-5
電話　03（5818）1171
FAX　03（5818）1174
振替　00100-7-24505
https://www.akashi.co.jp/

組版・装丁　明石書店デザイン室
イラスト　米田禎子
印刷　文化カラー印刷
製本　協栄製本

（定価はカバーに表示してあります）　ISBN 978-4-7503-5794-2